AF622893

Este libro pertenece a:

HISTORIA NATURAL DE LAS HADAS

Según el cuaderno de la profesora Elsie Arbour

Recopilada por Emily Hawkins
Ilustrada por Jessica Roux

Nota del editor:

La edición original de este libro, un volumen fechado en la década de 1920, se descubrió en los archivos del Museo Británico de Historia Natural en una carpeta etiquetada como «Sin verificar». Aunque la editorial ha intentado seguir la pista de la profesora Elsie Arbour, no ha encontrado rastro de ella. Por lo tanto, no puede confirmar la veracidad del contenido del libro, así que lo presenta simplemente como un artículo de interés. Se aconseja a los lectores interesados en averiguar si las hadas existen de verdad que investiguen por su cuenta.

Mis gafas no hacen más que desaparecer y aparecer de nuevo en los sitios más insospechados. Casi podría creerse que hay un duende travieso haciéndome jugarretas.

Contenido

Meadowbrook House
Minstead
Hampshire
17 de julio de 1925

Querida Annabelle:

Como sabes, a lo largo de mi carrera me he labrado una reputación estudiando plantas, viajando por el mundo para aprender todo lo posible sobre flores y árboles. Sin embargo, lo que no sabes es que en el trascurso de mi trabajo me topé con un nuevo campo de estudio que, en los últimos años, se ha convertido en mi auténtica pasión. He tenido que hacer un gran esfuerzo por mantener este trabajo en secreto. Temo que, si se llegara a descubrir su verdadera naturaleza, mis compañeros se burlarían de mí y me tacharían de loca. Este trabajo secreto, querida mía, es el estudio de las hadas.

Estamos siempre rodeados de hadas, pero son unas criaturas huidizas muy difíciles de encontrar. Puede que ya hayas tenido la suerte de ver alguna, quizá al fondo del jardín, o incluso en el desván. He recopilado mi trabajo en este libro como guía para las distintas especies de hadas de todo el mundo. En sus páginas descubrirás dónde y cómo viven las hadas, su función en la naturaleza y cómo encontrarlas.

Estoy a punto de embarcar hacia Sudamérica, donde me adentraré en las profundidades de la selva amazónica en busca de la pequeña hada colibrí, muy poco conocida. Esta expedición va a ser muy peligrosa, así que, antes de partir, te envío mi libro para que lo custodies. Quizá te inspire para emprender tú misma alguna aventura en busca de hadas.

Todo mi cariño,
Tía Elsie

Extracto del libro de la tía Elsie:

Viernes, 28 de junio de 1895

¡Qué día tan especial! Mientras estaba entretenida en el jardín después de comer, oí un estallido de risitas tintineantes. Venía del invernadero. Despacio y sin hacer ruido, me dirigí de puntillas a la puerta y me detuve en el umbral. Volví a oír la risa, esta vez con más nitidez. Entonces, para mi asombro, una pequeña criatura alada con forma humana salió revoloteando de entre las matas de tomates y me miró directamente a los ojos. ¡Solo puedo describirla como un hada!

La tía Elsie en su jardín en 1923

¿Mito o realidad?

A lo largo de la historia, mucha gente ha relegado a las hadas al papel de mito tradicional o las ha clasificado como «seres mágicos». Se han escrito muchas tonterías sobre las hadas como espíritus místicos, fantasmas, ángeles ¡o, incluso, alienígenas del espacio exterior! Este libro es mi intento por desmentir estos mitos absurdos: las hadas son tan reales como vosotros y como yo. Lo único que hace falta para encontrarlas es un poco de paciencia.

Justo cuando estamos a punto de descubrir algo más sobre estas hermosas y escurridizas criaturas, la mano del hombre puede estar amenazando su existencia.

LA VIDA SECRETA DE LAS HADAS

Durante los últimos treinta años, he escalado traicioneras montañas, vadeado ciénagas infestadas de mosquitos y desafiado desiertos abrasadores con el único propósito de descubrir y estudiar a las hadas en sus hábitats naturales. He perdido la cuenta de las horas que me he pasado encaramada junto a arroyos bajo una lluvia incesante para observar a los duendecillos de los ríos, o arrastrándome por arboledas húmedas para acercarme a las hadas de los bosques. Este libro es el resultado de todo ese duro trabajo sobre estas criaturas tan poco conocidas.

Mantener la mente abierta

Hasta ahora se han realizado muy pocas investigaciones científicas sobre la vida de las hadas. Esto ocurre, sobre todo, porque a veces son dificilísimas de encontrar por su carácter reservado y por su impresionante sistema de camuflaje. Sin embargo, esto no significa que no existan. Pensemos en el calamar gigante, por ejemplo; se creia que esta extraña criatura marina era una leyenda hasta que en 1861 un barco de guerra francés regresó a tierra con varios trozos. Hemos descubierto miles de especies animales en el planeta y otras nuevas se identifican continuamente. Lo que quiero decir es que solo porque la ciencia no haya descubierto aún el maravilloso mundo de las hadas revoloteadoras, no significa que no existan.

Hábitats en peligro

En el transcurso de mis investigaciones, he visto escenas desgarradoras. En algunos lugares, la mano del hombre está poniendo en peligro los hábitats de las hadas. Cuando se talan bosques y arboledas, también se destruyen los hogares de las hadas. Cuando las aguas residuales llegan hasta los rios, se contaminan los refugios de las hadas acuáticas. Cuando las hadas se ven obligadas a respirar los gases de las fábricas o los automóviles, su salud se deteriora. Es esencial aprender todo lo posible sobre las hadas para poder protegerlas, tanto a ellas como a sus valiosos entornos naturales.

¿QUÉ SON LAS HADAS?

Antes de entrar en detalle, lo primero que debemos hacer es averiguar qué son exactamente estas criaturas. Todos los seres vivos se clasifican en grupos según sus características físicas. El gran naturalista sueco Carlos Lineo ideó esta manera de agrupar a los animales y las plantas en el siglo XVIII. A veces, una criatura recién descubierta no encaja a la perfección en una categoría en particular..., ¡pero este sistema por lo menos nos proporciona un punto de partida bastante útil!

Aunque el hada náyade tiene alas de insecto, es un mamífero.

¿Insectos o mamíferos?

Puede que al principio parezca difícil catalogar a las hadas en uno de los grupos existentes. Tienen alas y ponen huevos, lo cual puede hacernos sospechar que son insectos. Pero sus cuerpos se parecen mucho a los de los humanos, lo que puede significar que sean, de hecho, un tipo de mamífero (criaturas de sangre caliente con columna vertebral que amamantan a sus crías). Tras arduas investigaciones, mi propuesta es que las hadas pertenecen a esta categoría dada su naturaleza. Son mamíferos.

El rompecabezas del ornitorrinco

Quizá algunos puedan argumentar que el motivo por el cual las hadas son tan difíciles de clasificar es porque no existen. ¡Qué equivocados están! Pensemos en el ornitorrinco. La primera vez que esta criatura viajó a Europa desde Australia a finales del siglo XVIII, muchos científicos se negaron a creer que fuera real. ¿Una criatura peluda con cuerpo de nutria, cola de castor y patas y pico de pato, que ponía huevos como una serpiente? ¡Imposible! ¿Era un mamífero, un ave o quizá un reptil? Que sea complicado clasificar al ornitorrinco no significa que no exista. Eso mismo pasa con las hadas.

CLASIFICACIÓN: MAMÍFERO

Clasificación del hada de los prados

Cuando los científicos «clasificamos» a una criatura, la catalogamos en un grupo determinado. Empezamos por el grupo más grande, llamado «reino», y recorremos los demás grupos, cada vez más pequeños, hasta llegar a la «especie». Esta gráfica ilustra mis teorías sobre el lugar que ocupan las hadas dentro del reino animal. Como ejemplo, la gráfica muestra la relación del HADA DE LOS PRADOS con el resto de las criaturas.

REINO:
Animal

Este grupo incluye todos los animales de nuestro planeta, desde mamíferos y reptiles hasta aves, peces e insectos.

FILO:
Vertebrados

Este grupo engloba a todos los animales que poseen columna vertebral, también llamados «cordados».

CLASE:
Mamíferos

Los mamíferos son vertebrados que amamantan a sus crías.

ORDEN:
Grupo de las hadas

Aquí están todos los mamíferos ovíparos de pequeña estatura (incluidos las hadas y sus parientes sin alas, los duendes).

FAMILIA:
Hadas

En esta familia se encuentran todas las hadas aladas de distintos hábitats, incluidas las hadas marinas.

GÉNERO:
Ninfa

Este grupo incluye a todas las hadas aladas no acuáticas.

ESPECIE:
Hada de los prados

Finalmente, restringimos nuestro enfoque a sola esta especie, cuyo nombre científico es *Nympha pratorum*.

ANATOMÍA DE LAS HADAS

Las hadas son criaturas diminutas; las más grandes miden poco más de diez centímetros. Su apariencia es muy similar a la de niños humanos en miniatura, aunque con una notable diferencia: las alas. Todas las hadas tienen alas, pero varían mucho de una especie a otra. Pueden parecerse a alas de mariposa, de libélula o, incluso, de abeja. Esta variación es la característica principal que nos ayuda a identificar las distintas especies de hadas.

ESTRUCTURA ÓSEA

El esqueleto del hada es muy similar al de los niños, pero mucho mucho más pequeño.

ESPOLETA DE HADA

Otra diferencia entre los esqueletos de los humanos y de las hadas es que, mientras que los humanos tenemos dos clavículas separadas, las de las hadas están unidas como las de las aves. Ese hueso se llama espoleta y ayuda a fortalecer el esqueleto de las hadas para que puedan volar.

El hada náyade tiene unas alas muy parecidas a las de la mariposa náyade.

Todas las hadas tienen cuatro alas (dos a cada lado). Una pequeña familia de criaturas diminutas emparentada con ellas, conocida como elfos, carece de alas, pero se parecen mucho en otros rasgos.

Las hadas terrestres tienen los dedos de los pies separados, como los humanos. Sin embargo, muchas especies de hadas acuáticas son palmípedas.

Todos los elfos y hadas tienen orejas puntiagudas.

La gran superficie de las alas facilita que el hada pueda realizar complicadas maniobras aéreas, girar y lanzarse en picado mientras vuela.

Las escamas iridiscentes de las alas reflejan la luz y las hacen centellear.

HUESOS COMO LOS DE LAS AVES

Los huesos de las hadas son mucho más ligeros que los de los humanos. Esto les permite volar. Al igual que los de las aves, los huesos de las hadas son huecos y su interior está formado por una sustancia de estructura similar a un panal que contiene muchas cavidades llenas de aire. Esto supone que las hadas pesen muy poco y puedan despegar con facilidad.

Hueso humano

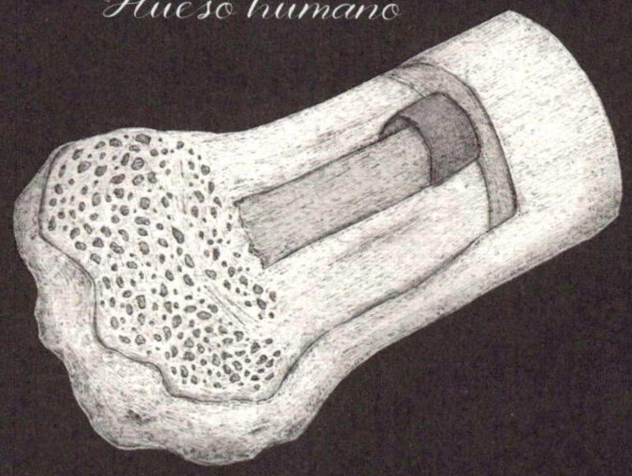

Hueso de hada

Grandes cavidades de aire

VUELO DE LAS HADAS

Músculos para el vuelo

Las hadas tienen muchos músculos pequeños pero fuertes, que las ayudan a mover las alas. Además de los fuertes músculos pectorales, tienen varios músculos adicionales para el vuelo que recorren el centro de la espalda.

Trayectoria del vuelo

La trayectoria del vuelo de las hadas describe a menudo un patrón errático y ondulante similar al de las mariposas. Un posible motivo es que a los depredadores les resulta difícil predecir este tipo de patrón de vuelo, lo que permite a las hadas evitar ser capturadas y mantenerse a salvo.

ALAS DE HADA

Las alas de casi todas las hadas están recubiertas de miles de pequeñas escamas. Juntas reflejan la luz y crean hermosos colores centelleantes.

A. HADA MACAÓN
(Nympha papilio)

F. HADA DEL ROCÍO
(Nympha aquarius)

B. HADA PAVO REAL
(Nympha lavandula)

G. NINFA DE LA SELVA
(Nympha amazonia)

C. HADA MALAQUITA
(*Nympha viridi*)

H. HADA DEL ABEDUL
(*Nympha betula*)

D. HADA DEL CACTUS
(*Nympha sonora*)

I. HADITA DE RÍO
(*Nympha fluminis*)

E. REINA DE LA CANDELARIA
(*Nympha galanthus*)

J. HADA REINA
(*Nympha regina*)

C.

D.

H.

I.

J.

CICLO VITAL DEL HADA

A pesar de lo que aseguran numerosos cuentos de hadas, estas no pueden cambiar de aspecto y transformarse en otras criaturas. Sin embargo, después de estudiarlas a fondo, he podido confirmar que sí experimentan unos cambios sorprendentes al crecer. Este proceso de cambio se llama «metamorfosis». En todos mis años de investigación, no he logrado descubrir cuántos años viven las hadas. Según la leyenda, viven eternamente.

HADA DE LA ROSA: LAS CUATRO FASES DE SU DESARROLLO

1.
Huevo de hada
El hada pone uno o dos huevos en una hoja o una rama. Los huevos varían de una especie a otra, pero normalmente muestran unos preciosos dibujos. Estos nos ayudan a diferenciarlos de los huevos de mariposa, muy parecidos en forma y tamaño.

2.
Orugahada
Unas semanas después, eclosiona la orugahada. La cuidan con mimo sus padres, que casi siempre la llevan en un portabebés a la espalda o sobre el pecho mientras vuelan. La madre amamanta a su bebé recién nacido.

3.
Capullo
Meses después, la orugahada está lista para que le crezcan las alas. Los padres construyen un capullo o crisálida con hojas, pétalos o tela de araña. En su interior, la orugahada se transforma. Al cabo de dos semanas, el capullo se abre y emerge un hada alada en miniatura llamada cría.

4.
Cría
Cuando ya le han crecido las alas, se parece muchísimo a los niños y necesita la protección de los adultos. Alcanza la madurez sobre los tres años.

IDENTIFICACIÓN DE LOS HUEVOS

DRÍADA (*Nympha quercus*)
La dríada, que habita en bosques y arboledas, suele poner sus huevos en hojas de roble.

HADITA DE RÍO
(*Nympha fluminis*)
Podéis encontrar huevos de hadita de río en las hojas de los árboles de las riberas, como los alisos.

HADA DE WICKLOW
(*Nympha sidhe*)
Esta hada irlandesa pone sus huevos entre el brezo y los helechos de los Montes Wicklow.

HADA MACAÓN
(*Nympha papilio*)
El hada macaón suele poner sus huevos en hojas de perejil o entre otras hierbas aromáticas.

IDENTIFICACIÓN DE LAS ORUGAHADAS

La orugahada de la **DRÍADA** tiene una cola verdosa que la ayuda a camuflarse entre el follaje del roble.

La orugahada de la **HADITA DE RÍO** tiene una aleta en el extremo de la cola, para ayudarla a nadar hasta la orilla en caso de que caiga al agua desde una de las ramas que cuelgan sobre el río.

Cuidado al caminar entre el brezo: podríais pisar la diminuta orugahada del **HADA DE WICKLOW**, engalanada de verde y púrpura.

¡Es fácil confundir la cola moteada de la orugahada **MACAÓN** con excrementos de pájaro! Esto quizá la ayude a despistar a las hambrientas aves de presa.

IDENTIFICACIÓN DE LOS CAPULLOS

Las parejas de **DRÍADAS** construyen un capullo sencillo para su cría con una mantita de hojas verdes.

La **HADITA DE RÍO** cuelga su capullo de la rama de un sauce para que se confunda con una de sus flores.

El aspecto espinoso del capullo del **HADA DE WICKLOW** la ayuda a confundirse con las zarzas.

Envuelta en hojas secas, el capullo del **HADA MACAÓN** se prende en una rama utilizando finos hilos de seda de araña. Parece una ramita y permanece oculto hasta que la cría está lista para salir.

El aspecto del **HADA DEL AVELLANO** imita al de una hoja. Así puede desaparecer entre las ramas de los avellanos.

Dibujos llamativos

El **HADA DE LA SABANA**, que vive en las grandes praderas de África, luce unos vistosos dibujos en sus alas y ropas. Estas manchas de luz y oscuridad pueden resultar engañosas a la vista, ¡lo que significa que la silueta del hada llega a ser muy difícil de distinguir! Este tipo de camuflaje ayuda al hada a mimetizarse con la sabana, igual que hacen los guepardos.

CAMUFLAJE INGENIOSO

Contrariamente a lo que se cree, en realidad las hadas no pueden hacerse invisibles. ¡Sin embargo, son capaces de desaparecer! No por arte de magia, sino gracias al camuflaje. Como muchas otras criaturas, las hadas son expertas en el arte de disfrazarse y de utilizar métodos ingeniosos para confundirse con las hojas y las flores. Este, por supuesto, es uno de los principales motivos por los cuales son tan difíciles de ver por los humanos. Apenas son visibles a menos que ellas lo decidan.

El armario de la naturaleza

Para mantenerse ocultas de las aves rapaces, los humanos y otras criaturas peligrosas, la mayoría de las hadas se mimetizan con su entorno. La forma, los dibujos y el color de sus alas suelen tener aspecto de hojas y flores, y eso facilita que puedan esconderse. Para completar su disfraz, las hadas se confeccionan su propia ropa con hojas, pétalos y plumas.

¡Todo cambia!

Algunas hadas, como la del manzano, se sumen en un largo sueño durante todos los meses de invierno. Se llama hibernación y las ayuda a permanecer ocultas cuando los árboles pierden sus hojas. Otras hadas cambian su aspecto para mimetizarse con el entorno, dependiendo de la estación. Por ejemplo, las HADAS DEL ESPINO BLANCO (que viven en arbustos espinosos) se visten con flores blancas en primavera, haciendo juego con las del espino. En otoño, cambian su atuendo para confundirse con las bayas rojas del arbusto.

HADA DEL ESPINO BLANCO en primavera

HADA DEL ESPINO BLANCO en otoño

La ropa y las alas de la **DRÍADA** recuerdan a las hojas del roble. En otoño e invierno, esta hada lleva un sombrero hecho de la cúpula de la bellota para mantenerse calentita.

Ahora me ves...

Las HADAS DE LOS JUNCOS viven en ciénagas y humedales. Suelen llevar ropa de rayas para confundirse con los juncos altos. Mantienen una estrecha relación con un pájaro llamado avetoro. Este pájaro tiene el plumaje veteado de beis y marrón, lo que le permite camuflarse justo de la misma manera.

Compañeros de viaje

No solo la ropa y los colores de las alas ayudan a las hadas a ocultarse. También sus movimientos les permiten camuflarse. Algunas hadas imitan el movimiento de los pétalos meciéndose con una brisa en primavera o el torbellino de las hojas arrastradas por el viento. A menudo, las hadas viajan con una bandada de mariposas. De lejos se parecen mucho. La próxima vez que veáis pasar una nube de mariposas colias amarillas, observad con atención para comprobar que no hay ninguna HADA DE LAS PRADERAS escondida.

HADAS DEL MUNDO

Las hadas no viven solo en los jardines y los claros de los bosques. Si tienes paciencia y miras con atención, puede que las encuentres en lugares de lo más insospechados. De hecho, las hadas viven en todas las partes del mundo, desde las selvas tropicales hasta los hielos de los polos, desde los desiertos abrasadores hasta las altas cumbres. Bajo estas líneas encontraréis la ubicación de las especies más comunes, muchas de las cuales serán tratadas con más detalle en las páginas siguientes.

EUROPA

Hada náyade (Reino Unido)

Hada del avellano (Irlanda)

Tunder de montaña (Cárpatos)

Hadita alpina (Alpes)

AMÉRICA DEL NORTE

Hada de la escarcha (Groenlandia)

Hada de la tundra (Norte de Canadá)

Hadita jogah (Estados Unidos)

Hada del cactus (México)

AMÉRICA DEL SUR

Ninfa de la selva (Selva amazónica)

Hada malaquita (Selva amazónica)

ÁFRICA

Hada del rocío (Desierto del Sahara)

Hada de la sabana (Sur de África)

Trasgo del nenúfar (África subsahariana)

Ninfa luna (Madagascar)

ASIA

Hadita de la estepa (Rusia/Mongolia)

Hada ylang-ylang (India)

Sílfide del Himalaya (Himalaya)

Hadita luciérnaga (China)

Hada de la flor del cerezo (Japón)

AUSTRALASIA

Hada reina (Nueva Guinea)

Hada de las Montañas Azules (Australia)

ANTÁRTIDA

Hada pingüino (Antártida)

Trotamundos de los polos (Ártico/Antártida)

HÁBITATS DE LAS HADAS

Las distintas especies de hadas viven también en diferentes ecosistemas, y cada especie se ha desarrollado —o evolucionado— para adaptarse a su hábitat a la perfección. Por ejemplo, la hadita de río se encuentra absolutamente cómoda en su medio gracias a sus pies palmeados; las alas satinadas del hada del rocío la mantienen fresca en el desierto, y la capa de grasa del hada de la escarcha la ayuda a sobrevivir en condiciones gélidas. Antes de entender las muchas y muy diferentes especies de hadas, debéis familiarizaros con sus diversos hábitats.

Nuestros hogares

Sean como sean las casas donde viváis, quizá estéis compartiéndola —aunque sin daros cuenta— ¡con una familia de hadas! Normalmente, nuestros hogares son lugares secos y calientes donde las hadas encuentran cobijo, a la vez que las migas y las sobras les proporcionan comida.

Jardines

Las hadas apenas dejan verse por los humanos, pero, cuando se produce uno de estos escasos avistamientos, suele ser en un jardín, a menudo en macizos de flores o pequeños huertos. Los jardines son los sitios perfectos para ver hadas.

Bosques

Los bosques templados crecen en zonas de clima suave, lluvia abundante y cuatro estaciones bien diferenciadas. En otoño caen las hojas de los árboles, creando así una alfombra de hojarasca que proporciona a algunas especies de hadas un lugar donde esconderse. Otras hadas de los bosques viven en troncos huecos o en nidos abandonados.

Prados y praderas

Desde la campiña cubierta de flores de las islas británicas hasta las inmensas llanuras de los Estados Unidos o la extensa estepa rusa, las praderas constituyen un entorno ideal para las hadas, que disponen de un buen camuflaje para ocultarse entre los matorrales.

Colinas y montañas

La vida en la montaña no es nada fácil. Sus retos incluyen temperaturas extremas, fuertes vientos, escasez de vegetación y bajos niveles de oxígeno. Pero algunas especies de hadas están muy bien adaptadas a la vida en la montaña y logran sobrevivir a pesar de tan adversas condiciones.

Ríos, lagos y humedales

Los ecosistemas de agua dulce incluyen ríos, arroyos, lagos, charcas, ciénagas y pantanos. Allí encuentra su hogar una amplia variedad de fauna salvaje, incluidas las hadas. La mayoría de las hadas que habitan estos lugares tienen los pies palmeados, eso las ayuda a impulsarse en el agua.

Costas y océanos

Con una superficie que ocupa dos tercios del planeta, los océanos ofrecen una rica variedad de ecosistemas. Constituyen el hogar de millones de criaturas, entre ellas las hadas de los océanos. Estos mamíferos acuáticos son excelentes nadadores, pero tienen que salir a la superficie para respirar, como las ballenas.

Selvas

En las áreas tropicales que rodean el ecuador, el clima húmedo y cálido ofrece las condiciones ideales para las selvas. Entre sus altísimos árboles viven muchas especies de hadas junto a una gran variedad de aves e insectos.

Desiertos

Podría pensarse que estos abrasadores lugares no ofrecen sustento a muchas criaturas, pero la vida se abre paso. Muchas hadas del desierto tienen alas brillantes que reflejan la luz del sol, grandes orejas para liberar el calor corporal y pestañas largas y espesas para proteger los ojos de la arena.

Los polos

Aunque las cortantes temperaturas y los vientos huracanados de los polos constituyen un gran desafío, estas hadas están adaptadas al entorno. Una capa de grasa las mantiene calientes, mientras que la separación de los dedos de los pies evita que se hundan en la nieve.

HADAS DE LOS PRADOS Y JARDINES

Repletos de flores fragantes y frondosos escondrijos, los prados y jardines son el paraíso de las hadas. La mayoría prefiere los macizos de flores y los bordes que escapan a la siega. Las hadas de jardín son las más frecuentemente avistadas por los humanos, sobre todo por los niños, que a veces se las encuentran cuando salen a jugar.

Las **HADAS DE LA ROSA** pasan la primavera y el verano cuidando de los rosales, arrancando las hojas enfermas y manteniendo los parásitos a raya. Al llegar el otoño, se dan un atracón de nutritivas bayas antes de acurrucarse e hibernar durante los meses de invierno.

Hada de la rosa
(Nympha rosa)

HÁBITAT: jardines.

HOGAR: macetas vacías.

RASGOS DISTINTIVOS: ropa delicada hecha de pétalos de rosa, sombrero de bayas de rosa.

COMPORTAMIENTO: en invierno, el hada de la rosa hiberna, a veces, en un rincón tranquilo de un invernadero o bajo un cobertizo.

Hada de la madreselva
(Nympha tubi)

HÁBITAT: al borde de caminos y los setos, así como jardines.

HOGAR: nidos abandonados o sacos de dormir hechos de hojas.

RASGOS DISTINTIVOS: dedos verdes, alas con rayas rosas.

COMPORTAMIENTO: a las hadas de la madreselva les encanta beber gotitas del dulce néctar de las flores usando pajitas hechas de hierba. Estas tímidas hadas mantienen una relación muy especial con los lirones enanos. En una ocasión, tuve la suerte de ver a una de ellas ayudando a un lirón a construir su nido con pequeños trozos de corteza de madreselva.

Muchas hadas de jardín realizan labores muy importantes, como la polinización de las plantas o la diseminación de sus semillas.

El **HADA PAVO REAL** es una de las que pueden avistarse con más frecuencia y a veces se las ve revoloteando entre abejas en torno a arbustos con fragantes flores de color púrpura. Yo misma he encontrado en mi propio jardín hadas pavo real que mostraban muy poco miedo de los seres humanos. ¡Eran casi descaradas!

Hada pavo real
(Nympha lavandula)

HÁBITAT: cualquier lugar donde crezca la lavanda.

RASGOS DISTINTIVOS: los grandes ocelos de sus alas se parecen a los ojos de un búho, eso las ayuda a ahuyentar a las aves de presa.

HOGAR: grietas en las zonas rocosas de los jardines o madrigueras en terrenos arenosos.

COMPORTAMIENTO: las hadas pavo real parecen tener una estrecha relación con las abejas; a veces, las ayudan a recolectar néctar y polen.

Las **HADAS DE LA MADRESELVA** se pasan el día cuidando de las plantas. Sus dedos verdes quizá sean el origen de la expresión «tener mano verde» con las plantas.

En primavera, las **HADAS DEL MANZANO** pululan entre las flores cuidando del árbol. Son difíciles de ver porque su ropa, primorosamente confeccionada, las ayuda a camuflarse con su entorno.

Hada del manzano (Nympha pomorum)

HÁBITAT: huertos y jardines.

HOGAR: huecos en los troncos de los árboles.

RASGOS DISTINTIVOS: lleva ropa hecha de flores del manzano para camuflarse.

COMPORTAMIENTO: estas hadas cuidan de los manzanos y su fruta. En invierno hibernan, manteniéndose ocultas mientras el árbol no tiene hojas.

Hada de la amapola (Nympha dormiens)

HÁBITAT: prados y jardines de flores silvestres.

HOGAR: duerme dentro de una amapola, que se cierra de noche.

RASGOS DISTINTIVOS: alas como las de las abejas.

COMPORTAMIENTO: en verano, el hada de la amapola sacude el tallo de la planta con delicadeza para liberar las semillas de la inflorescencia (llamada cápsula).

Dormilona y tranquila, el **HADA DE LA AMAPOLA** es la perezosa del mundo de las hadas. Esto puede deberse a su dieta de semillas de amapola, que causan somnolencia. Las hadas de la amapola se mueven muy despacio, lo cual evita que sean descubiertas por las aves de presa.

UN AÑO EN LA VIDA DEL HADA DEL MANZANO

Primavera

En primavera, brotan las hojas del manzano y comienza la floración. Es una época de ajetreo para estas hadas que ayudan a transportar el polen de una flor a otra y favorecer así el crecimiento de la fruta. Ayudan a proteger la fruta de las heladas tardías envolviéndolas en tela de araña.

Verano

Al llegar el verano, la fruta madura. Las hadas se aseguran de que el árbol disponga de suficiente agua para que crezca el fruto y espantan a las polillas del manzano, a quienes les gusta depositar sus huevos en las manzanas jóvenes, que luego se llenan de orugas.

Otoño

En el otoño, la fruta cae al suelo y libera sus semillas. Las hadas se dan un banquete cargándose de energía para el invierno. También ayudan a diseminar las semillas. Los nuevos árboles proporcionarán más hogares y comida a las hadas.

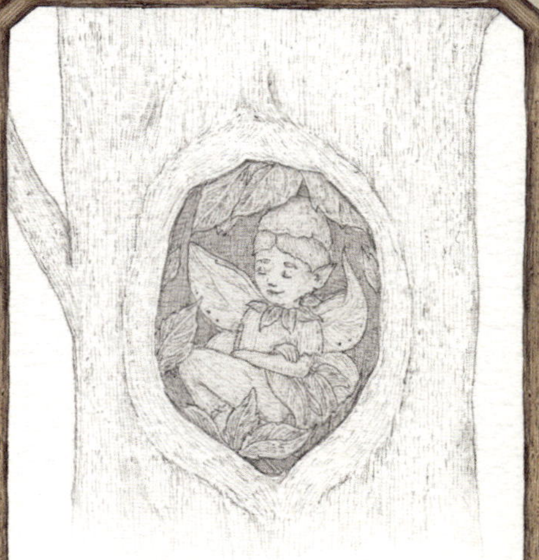

Invierno

Al final del otoño, las hojas cambian de color y caen al suelo, dejando al árbol desnudo. Durante el invierno, el manzano descansa, igual que el hada del manzano, que hiberna hasta que llega de nuevo la primavera.

MÁS HADAS DE PRADOS Y JARDINES

Los setos y los prados cubiertos de flores son el hogar perfecto para las hadas, que crecen felices entre la hierba y los rincones ocultos por las hojas. Hoy en día están arrancándose algunos setos muy antiguos para hacer sitio a campos más grandes y vehículos agrícolas. Es esencial que protejamos estos hábitats que dan cobijo a insectos, pájaros, murciélagos, topillos y, por supuesto, hadas.

Hada del diente de león
(Nympha minima)

HÁBITAT: prados y jardines.

HOGAR: bajo las hojas de los dientes de león.

RASGOS DISTINTIVOS: esta hada tiene el tamaño de una uña y alas translúcidas.

COMPORTAMIENTO: en cuanto florece la planta, el hada del diente de león vuela junto a las semillas transportadas por la brisa y las guía hacia un nuevo hogar.

Hada macaón
(Nympha papilia)

HÁBITAT: prados y setos.

HOGAR: nidos de ave abandonados en setos.

RASGOS DISTINTIVOS: alas similares a las de la mariposa macaón.

COMPORTAMIENTO: durante el verano, esta sociable especie puede verse revoloteando a toda velocidad por la campiña, descansando sobre acianos o perifollos.

El **HADA DEL DIENTE DE LEÓN** es la especie más pequeña que he descubierto hasta ahora. A menudo, se las confunde con una semilla de diente de león volando a merced del viento.

El **HADA MACAÓN** recibe su nombre por los extremos de sus alas, que se parecen a las puntas de la cola de las golondrinas. Estas distraen a los depredadores apartando su atención de partes del cuerpo más vulnerables.

El tomillo de monte o tomillo élfico es una planta que despide una agradable fragancia y crece en macizos espesos. Constituye un cobijo perfecto para estas diminutas hadas terrestres.

Hada del tomillo de monte (Nympha titania

HÁBITAT: pastos, praderas de tierra calcárea y laderas de montaña cubiertas de hierba.

HOGAR: entre los tallos frondosos y llenos de brotes del tomillo de monte.

RASGOS DISTINTIVOS: alas de color púrpura, a menudo un sombrero de pétalos púrpura.

COMPORTAMIENTO: para proteger sus frondosos hogares, estos pequeños y activos seres disuaden al ganado y los conejos de acercarse al tomillo salvaje... ¡haciéndoles cosquillas en la nariz!

Hada del espino blanco
(Nympha maie)

HÁBITAT: praderas y setos vivos.

HOGAR: nidos hechos de hojas, ramitas y madera.

RASGOS DISTINTIVOS: se hacen la ropa con hojas y flores del espino.

COMPORTAMIENTO: he observado que muchas hadas del espino blanco interactúan con los erizos. Les llevan comida a menudo, los ayudan a cuidar de sus crías y limpian de parásitos sus afiladas púas.

Mantened los ojos bien abiertos cuando paseéis por un prado florido: con un poco de suerte, podríais ver un **HADA DE LOS PRADOS** entre las mariposas.

Hada de los prados
(Nympha pratorum)

HÁBITAT: pastos y prados con flores silvestres.

HOGAR: a menudo comparte madriguera con ratones de campo.

RASGOS DISTINTIVOS: alas de color amarillo muy vivo que se confunden con las flores.

COMPORTAMIENTO: se alimenta de semillas y bayas que comparte con sus compañeros de madriguera a cambio de cobijo.

A las **HADAS DEL ESPINO BLANCO** les gusta alimentarse de los frutos, o bayas, del arbusto, así como de sus brotes tiernos, llamados «pan y queso» por muchos niños del mundo rural.

¡Cri, cri!

Es posible que alguna vez hayáis oído a un hada de los prados sin saberlo. Lo que suena como el chirrido del grillo es a veces el canto del macho del hada de los prados. Para atraer la atención de la hembra, el macho emite una aguda llamada frotando las alas. Tienen unos dientes especiales como las púas de un peine que hacen rechinar con un sonido chirriante.

HADAS DE LOS BOSQUES

La próxima vez que os encontréis en un bosque, tomaos unos instantes para deteneros, cerrar los ojos y escuchar. Además del crujido de las hojas al viento y el gorjeo de los pájaros, quizá tengáis la suerte de oír las voces de las hadas. Los bosques son hábitats perfectos para ellas, que se refugian entre las ramas o en el lecho cubierto de hojarasca.

Llamada así por su especial relación con los pájaros carpinteros, a menudo se la puede ver viajando a lomos de esta habilidosa ave.

Hada pájaro carpintero
(Nympha picidae)

HÁBITAT: bosques y arboledas.

HOGAR: cavidades excavadas en los troncos de los árboles por algún amable pájaro carpintero.

RASGOS DISTINTIVOS: comparadas con muchas otras especies, estas hadas suelen tener las alas más pequeñas. En vez de volar, a menudo se desplazan a lomos de pájaros carpinteros.

COMPORTAMIENTO: estas hadas defienden los nidos excavados por los pájaros carpinteros cuando estos salen a buscar comida. Los nidos son muy tentadores para golondrinas y estorninos, así que un hada amiga resulta ser un centinela muy útil.

Las campanillas siempre han ocupado un lugar importante en las leyendas tradicionales británicas. Hay algo de cierto en esas narraciones: si observáis con la atención necesaria, es verdad que podéis encontrar hadas viviendo en los arbustos de campanillas.

Hada náyade
(Nympha caerula)

HÁBITAT: bosques de las islas británicas.

HOGAR: generalmente, madrigueras subterráneas.

RASGOS DISTINTIVOS: sus alas se parecen muchísimo a las de las mariposas náyade, eso permite a las hadas camuflarse perfectamente entre las campanillas.

COMPORTAMIENTO: estas sociables hadas despliegan su mayor actividad al final de la primavera, cuando las campanillas azules alfombran el lecho del bosque, creando un verdadero paraíso para las hadas. En invierno, hibernan en madrigueras de tejones o túneles de conejos.

A menudo pueden avistarse estas resistentes hadas a finales del invierno y comienzos de la primavera revoloteando entre las matas de las campanillas de invierno. Los soldados británicos que participaron en la guerra de Crimea en la década de 1850 trajeron bulbos de esta planta cuando regresaron a su país. ¡Estoy segura de que había hadas escondidas entre los bulbos que viajaron con ellos!

Reina de la Candelaria
(Nympha galanthus)

HÁBITAT: bosques húmedos europeos.

HOGAR: frecuentemente, un tocón hueco.

RASGOS DISTINTIVOS: la reina de la Candelaria tiene unas alas casi transparentes hechas de un material fuerte y flexible que parece poseer propiedades térmicas.

COMPORTAMIENTO: las reinas de la Candelaria no hibernan, sino que se envuelven en sus propias alas formando un capullo calentito cuando llega el frío.

Cascar una avellana es una labor difícil para un hada. Normalmente, una pareja de hadas deja caer los frutos desde las ramas más altas sobre rocas grandes y planas, contra las que se rompen y se abren. A veces hacen falta varios intentos...

Solo he visto a estas traviesas **HADAS DEL AVELLANO** en unos pocos lugares de Irlanda. ¡En primavera, a veces se las ve haciéndose cosquillas unas a otras con las delicadas inflorescencias amarillas del avellano!

Hada del avellano
(Nympha áineae)

HÁBITAT: bosques irlandeses.

HOGAR: el hada del avellano se pasa la mayor parte del año durmiendo bajo un níscalo salvaje; en invierno, hiberna entre las ramas del avellano.

RASGOS DISTINTIVOS: sus alas son casi idénticas a las hojas, lo que permite al hada del avellano confundirse con su entorno.

COMPORTAMIENTO: en otoño, el hada del avellano hace buen acopio de avellanas para que le duren todo el invierno. Protege sus provisiones con uñas y dientes de las ardillas, herrerillos y pájaros carpinteros.

Con frecuencia, la **DRÍADA** construye su hogar entre las ramas pobladas de los robles. Algunos son como aldeas de hadas y proporcionan casa y comida a cientos de dríadas.

Dríada
(Nympha quercus)

HÁBITAT: bosques de Europa y América del Norte.

HOGAR: normalmente, una cavidad en el tronco de un roble.

RASGOS DISTINTIVOS: sus alas y ropa imitan el aspecto de las hojas del roble; sombrero de cúpula de bellota.

COMPORTAMIENTO: las dríadas no se llevan demasiado bien con las ardillas grises. A menudo se pelean por nidos y bellotas. Por eso intentan no acercarse a los árboles habitados por ardillas.

MÁS HADAS DE LOS BOSQUES

Los árboles son los pulmones del planeta y resultan vitales para nuestro mundo. Enraizados en la tierra, pero ascendiendo hacia el cielo, nos proporcionan oxígeno. Además de aprovisionarnos de madera y medicamentos, los árboles son los hogares de numerosas criaturas en todo el mundo, ¡hadas incluidas!

El **HADA DEL ABEDUL** es nocturna; se oculta durante el día y sale por la noche para buscar frutos secos, semillas y bayas.

Hada del abedul (Nympha betula)

HÁBITAT: bosques europeos, principalmente de República Checa.

HOGAR: nidos en los pliegues de las ramas de los abedules.

RASGOS DISTINTIVOS: alas finas y translúcidas, casi como el cristal.

COMPORTAMIENTO: en el crepúsculo, a veces puede verse a estas hadas juguetonas columpiándose en las ramitas flexibles de un precioso abedul. Esta hada protege su árbol limpiándolo de afidios, pequeños insectos que chupan la savia de las hojas y hacen que se curven y amarilleen.

Hada del serbal (Nympha sorbus)

HÁBITAT: bosques y arboledas.

HOGAR: nidos hechos de hojas y ramitas en el lecho del bosque.

RASGOS DISTINTIVOS: en primavera y verano, estas hadas se visten de verde y blanco para confundirse con las flores del abedul. En otoño, se cambian de ropa para ir a juego con las bayas rojas.

COMPORTAMIENTO: después de alimentarse de bayas de abedul, las hadas ayudan a diseminar las semillas para que nazcan árboles nuevos.

Al final del otoño, la pequeña y robusta **HADA DEL ABEDUL** remonta el vuelo junto con bandadas de zorzales reales y zorzales alirrojos y emigra desde Escandinavia hacia Reino Unido y Francia. El viaje está calculado para que coincida con la maduración de las jugosas bayas del abedul.

HOGARES DE LAS HADAS

Los hogares de las hadas abarcan desde nidos tejidos cuidadosamente o huecos en los troncos de los árboles hasta madrigueras subterráneas.

Guaridas de hojas

Igual que el sastrecillo, algunas hadas cosen hojas para construir su hogar.

Nidos elaborados

Algunas hadas construyen nidos en las copas de los árboles con palos, ramitas y briznas de hierbas.

Calentito y mullido

Hay hadas que recogen plumas caídas o lana de los vellones de las ovejas para acolchar sus nidos.

Casita en el árbol

Los huecos en los troncos son hogares perfectos para las hadas, aunque a veces les cuesten serias disputas con aves y ardillas grises.

Madriguera subterránea

Algunas especies construyen sus propias madrigueras. Otras ocupan madrigueras abandonadas o las comparten con ratones o conejos.

El capullo de la **HADITA LUCIÉRNAGA** tiene una cola luminiscente, como un gusano de luz.

Hadita luciérnaga (Nympha scintilla)

HÁBITAT: bosques de bambú de China.

HOGAR: a menudo, en nidos hechos de hojas de bambú o madrigueras de rata de bambú abandonadas.

RASGOS DISTINTIVOS: alas luminiscentes, ojos extragrandes.

COMPORTAMIENTO: el hada luciérnaga es nocturna, lo que significa que solo sale de noche. En determinadas noches de verano, surgen cientos de estas hadas, revoloteando y titilando entre los susurrantes bosquecillos de bambú.

Las alas de la hadita luciérnaga contienen docenas de órganos emisores de luz.

Esta asombrosa hada asiática posee una habilidad extraordinaria: ¡brilla en la oscuridad! La **HADITA LUCIÉRNAGA** es «bioluminiscente», que significa que partes de su cuerpo se iluminan. Se cree que utilizan esta luz como mecanismo de defensa para ahuyentar a sus depredadores, aunque quizá solo les sirva para poder ver en la oscuridad.

Los grandes ojos de estas hadas las ayudan a ver en la penumbra.

HADAS DE LAS COLINAS Y MONTAÑAS

Desde las cumbres nevadas a los pies de colinas boscosas, las montañas del planeta acogen algunas asombrosas especies de hadas. Muchas de ellas están especialmente adaptadas a este tipo de hábitat y no existen en ningún otro lugar del mundo.

La *tunder* (que significa «hada» en húngaro) vive en la región montañosa de los Cárpatos, en Europa Central y Oriental.

Tunder de montaña (Nympha hungaria)

HÁBITAT: laderas de montañas boscosas.

HOGAR: nidos construidos por las hadas o abandonados por las aves.

RASGOS DISTINTIVOS: sus alas resplandecientes como el cristal contribuyen a reflejar la fuerte luz del sol de las montañas para mantener frescas a las hadas.

COMPORTAMIENTO: las *tunder* de montaña mantienen una curiosa relación con los lirones grises, que a menudo les permiten compartir sus madrigueras. A cambio, las hadas montan guardia contra los linces, martas y gatos salvajes.

Esta hada irlandesa de las colinas solo se encuentra en las ondulantes elevaciones de los Montes Wicklow. A ojos inexpertos, puede ser confundida con la mariposa pasionaria moteada, cuyas alas tienen dibujos muy similares.

Hada de Wicklow (Nympha sidhe)

HÁBITAT: montes Wicklow.

HOGAR: una oquedad en un *cairn* (pila de piedras)

RASGOS DISTINTIVOS: sus alas con manchas naranjas y negras las ayudan a camuflarse entre los helechos de las laderas.

COMPORTAMIENTO: las hadas de Wicklow visitan muchas plantas distintas recogiendo bayas y semillas para comer. Sin embargo, con la llegada del verano se aleja de las aulagas. Estos arbustos tienen cápsulas de semillas que estallan, lo cual puede ser tremendamente peligroso.

Como muchas otras hadas de montaña, la **HADITA ALPINA** posee unas alas muy amplias. Eso hace posible que se eleve con las corrientes térmicas, lo cual la ayuda a ahorrar energía. También utiliza sus grandes alas como manta para mantenerse caliente durante su letargo invernal.

Hadita alpina
(Nympha alpum)

HÁBITAT: prados y laderas altas de los Alpes.

HOGAR: comparte madriguera con la marmota alpina.

RASGOS DISTINTIVOS: alas extraordinariamente grandes.

COMPORTAMIENTO: esta hada es una compañera muy útil para la marmota alpina. Cuando se aproxima un depredador, la hadita emite un silbido especial de alarma para identificar a los depredadores voladores, como las águilas reales, y dos graznidos cuando hay cazadores terrestres, como los lobos.

Hada de las Montañas Azules
(Nympha katoombae)

HÁBITAT: ciénagas colgantes en las laderas rocosas.

HOGAR: grietas en la roca o salientes de los acantilados (fuera del alcance de los dingos y otros depredadores).

RASGOS DISTINTIVOS: alas parecidas a las de las libélulas, ropa confeccionada con hojas para confundirse con la vegetación de los acantilados.

COMPORTAMIENTO: las hadas de las Montañas Azules son criaturas muy tímidas que suelen vivir en solitario o en pareja. Las plantas de las ciénagas colgantes les proporcionan una gran variedad de alimento, así que no les hace falta arriesgarse a salir de sus hogares en las rocas.

Estas diminutas hadas australianas son muy difíciles de avistar porque viven en laderas rocosas, ocultas por las ciénagas colgantes de las laderas de este valle escarpado. En una de mis expediciones de estudio tuve que descolgarme con una cuerda por un acantilado resbaladizo armada con mi cuaderno y una voluminosa cámara. Me quedé allí colgada en silencio durante dos horas hasta captar una visión fugaz de esta hermosa y tímida criatura.

Estas extraordinarias hadas son increíblemente fuertes, capaces de vivir a más de 4.000 metros de altitud. Esto ocurre porque su sangre contiene una sustancia especial que evita que se congelen en temperaturas extremas.

Sílfide del Himalaya
(Nympha nipalensis)

HÁBITAT: laderas altas del Himalaya.

HOGAR: madrigueras excavadas en la nieve.

RASGOS DISTINTIVOS: a menudo se la confunde con la mariposa apolo porque tienen las alas muy parecidas.

COMPORTAMIENTO: a veces se puede ver elevarse a la sílfide con las corrientes de la montaña. En invierno, hiberna en su madriguera en la nieve, pero en verano desciende a los prados de la montaña para alimentarse del néctar de las flores.

Hada sastrecillo
(Nympha sartor)

HÁBITAT: bosques montañosos del Sudeste Asiático.

HOGAR: nidos formados por hojas y telarañas cosidas.

RASGOS DISTINTIVOS: tienen alas de colores muy vivos para advertir a los depredadores de que se trata de un hada venenosa.

COMPORTAMIENTO: la laboriosa hada sastrecillo puede arriesgarse a recorrer varios kilómetros en busca de fibras mullidas para acolchar su nido.

El **HADA SASTRECILLO** mantiene una estrecha relación con el sastrecillo de las montañas. El hada ayuda al ave a coser sus famosos nidos y a cuidar de sus crías. A cambio, cuando estas son lo bastante maduras para volar, el hada se queda a vivir en el nido.

Hada de la flor del cerezo (Nympha cerasus)

HÁBITAT: entre los cerezos de las laderas bajas de las montañas de Japón.

HOGAR: nidos pequeños hechos de hierba y ramitas.

RASGOS DISTINTIVOS: sus alas cambian de color a lo largo del año. En primavera son rosas y blancas para confundirse con las hermosas flores de los cerezos; en verano, se vuelven verdes, mimetizándose con las hojas nuevas, y en otoño vuelven a transformarse y se tornan naranjas y rojas como las hojas del árbol.

COMPORTAMIENTO: el hada de la flor del cerezo realiza diversas tareas para el cuidado del árbol, como limpiarlo de ácaros y otros parásitos que dañan sus hojas.

En Japón, cada árbol cuenta con su propia población de hadas. En invierno, mientras los cerezos permanecen en letargo, las hadas hibernan, pero, cuando llega la primavera y aparecen los delicados capullos, vuelven a aparecer las pequeñas hadas.

Estas hadas conviven felizmente con el cantarín pájaro ojiblanco, que bebe el dulce néctar de las flores.

Las **HADAS DE LA FLOR DEL CEREZO** son oriundas de las áreas montañosas de Japón, pero pueden vivir en cualquier otro lugar. Por ejemplo, en los Estados Unidos se las puede encontrar entre los cerezos que adornan las orillas del río Potomac en Washington D. C. Estos árboles fueron un regalo de Japón en 1912; es más que probable que las hadas viajaran con ellos.

MÁS HADAS DE LAS COLINAS Y MONTAÑAS

La flora y fauna de las montañas van cambiando a medida que se asciende. Las laderas más bajas suelen estar pobladas de bosques, pero a niveles más altos la arboleda se hace menos frondosa para desaparecer por completo al llegar a la cumbre. Las hadas de montaña conocen trucos extraordinarios que las ayudan a sobrevivir a los fuertes vientos y las temperaturas gélidas de las altas cumbres.

En los días calurosos de verano, junto a un arroyo apartado, prestad atención para escuchar la risa cantarina de las **HADITAS DE RÍO** al saltar sobre la superficie para refrescarse los pies.

Hadita de río (Nympha fluminis)

HÁBITAT: orillas de los ríos de Europa.

HOGAR: nidos abandonados de martín pescador en las orillas arenosas de los arroyos.

RASGOS DISTINTIVOS: alas impermeables parecidas a las de las libélulas; pies palmeados.

COMPORTAMIENTO: aunque a estas hadas les encanta remojarse los pies en el agua, nunca bajan la guardia ante los hambrientos lucios que viven en el fondo. Se conocen casos en que estos peces se han llevado de un bocado a hadas que estaban en la superficie.

HADAS DE AGUA DULCE

Los lagos, ríos y humedales del mundo son el hogar de una gran variedad de especies de hadas. Estas hadas amantes del agua tienen un rasgo en común: los pies palmeados. Esos pies especialmente adaptados las ayudan a surcar o a sobrevolar las aguas.

Conocidas por algunos nativos norteamericanos como «gente pequeña», las **HADITAS JOGAH** construyen sus hogares cerca de los ríos y arroyos.

Hadita jogah (Nympha jogah)

HÁBITAT: orillas de los ríos de América del Norte.

HOGAR: con frecuencia, en madrigueras de castor.

RASGOS DISTINTIVOS: sus alas imitan a las de la mariposa luminaria azul, especie venenosa, probablemente para ahuyentar a los depredadores; pies palmeados.

COMPORTAMIENTO: las haditas jogah son muy fuertes teniendo en cuenta su pequeño tamaño y se sabe que son capaces de ayudar a los castores a construir sus presas a cambio de un lugar donde vivir.

Fuego fatuo
(Nympha ignis fatuus)

HÁBITAT: ciénagas y pantanos de todo el mundo.

HOGAR: nidos hechos de juncos en aguas poco profundas.

RASGOS DISTINTIVOS: como la hadita libélula de Asia, la fuego fatuo tiene órganos bioluminiscentes en las alas.

COMPORTAMIENTO: el hada fuego fatuo es nocturna, sale por la noche para alimentarse de frutas y semillas del mirto de Brabante y otras plantas de humedal.

Durante mucho tiempo, los habitantes de St. Louis, Canadá, afirmaron haber visto luces fantasmales por las noches. En otras partes del mundo se han visto luces similares en zonas pantanosas. Hay quien dice que son causadas por los gases de las ciénagas, pero yo creo que lo que han visto son hadas que habitan en los pantanos.

Como el ave jacana, ¡el **TRASGO DEL NENÚFAR** es capaz de andar sobre el agua! Esta hada singular tiene las alas muy pequeñas. En vez de volar, utiliza sus grandes pies palmeados para saltar rozando la superficie de una charca o lago.

Trasgo del nenúfar
(Nympha lilium)

HÁBITAT: lagos poco profundos de África.

HOGAR: una hoja grande de nenúfar.

RASGOS DISTINTIVOS: pies palmeados y extraordinariamente largos; alas pequeñas.

COMPORTAMIENTO: la comida favorita de esta hada es el esponjoso fruto del nenúfar. El trasgo del nenúfar protege de parásitos a la flor que le sirve de hogar y la ayuda con la polinización. En cuanto la flor ha sido polinizada, cambia su color blanco por el morado.

Hada del cocotero
(Nympha cocos)

HÁBITAT: islas tropicales del Índico y el Pacífico.

HOGAR: copa del cocotero.

RASGOS DISTINTIVOS: alas pequeñas de rayas blancas y amarillas.

COMPORTAMIENTO: esta hada se alimenta de la pulpa del coco y bebe su dulce leche. Es demasiado pequeña para romper estos frutos tan duros ella sola. Por eso, se vale del cangrejo de los cocoteros, que usa sus fuertes pinzas para realizar el trabajo. A cambio, el hada ayuda al cangrejo a mantenerse aseado limpiándole el cuerpo de ácaros y otros parásitos.

En ocasiones puede verse a esta hada marina coronar la cresta de una ola a lomos de un pez. La **NEREIDA** tiene alas y, como el pez volador, las usa cuando hace breves salidas sobre la superficie para escapar de los depredadores del océano. Normalmente están plegadas para que el hada pueda adoptar una forma más aerodinámica bajo el agua.

No está claro cómo el **HADA DEL COCOTERO**, con esas alas tan pequeñas que no le permiten realizar vuelos de larga distancia, consiguió diseminarse de una a otra remota isla de los océanos Índico y Pacífico. Mis investigaciones me hacen pensar que quizá, en vez de ir volando, estas hadas viajaron a bordo de cocos que flotaban en el mar.

HADAS MARINAS Y DE COSTA

La mayoría de las especies de hadas que he estudiado vive en tierra o agua dulce, pero también hay hadas que habitan en el océano. Sin embargo, al carecer de equipo para una expedición por aguas profundas, mis conocimientos sobre estas hadas son muy limitados. ¿Quizá sumergirse bajo las olas para investigar la vida subacuática será algo habitual para los científicos en el futuro?

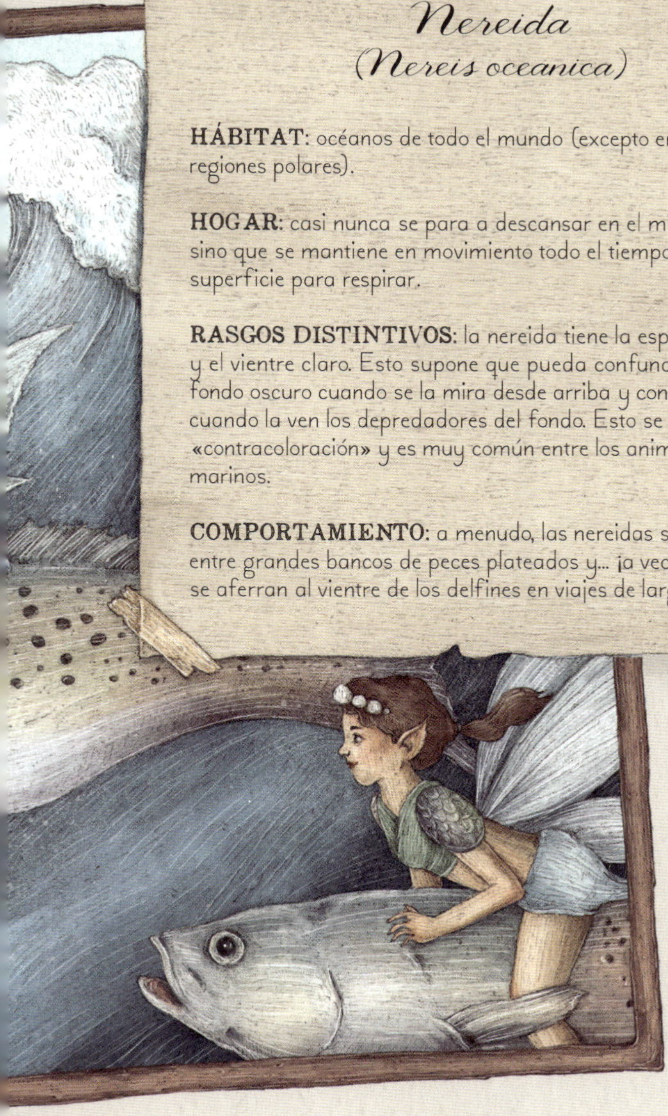

Nereida
(*Nereis oceanica*)

HÁBITAT: océanos de todo el mundo (excepto en las regiones polares).

HOGAR: casi nunca se para a descansar en el mismo sitio, sino que se mantiene en movimiento todo el tiempo y sale a la superficie para respirar.

RASGOS DISTINTIVOS: la nereida tiene la espalda oscura y el vientre claro. Esto supone que pueda confundirse con el fondo oscuro cuando se la mira desde arriba y con el cielo claro cuando la ven los depredadores del fondo. Esto se denomina «contracoloración» y es muy común entre los animales marinos.

COMPORTAMIENTO: a menudo, las nereidas se desplazan entre grandes bancos de peces plateados y... ¡a veces, incluso, se aferran al vientre de los delfines en viajes de larga distancia!

Hadita de Sundarbans
(*Nympha palorum*)

HÁBITAT: bosque de manglar de Sundarbans, en la India.

HOGAR: nidos en las raíces entrelazadas de los árboles, justo sobre el nivel del agua.

RASGOS DISTINTIVOS: pies palmeados; alas impermeables parecidas a las de las libélulas.

COMPORTAMIENTO: la hadita de Sundarbans es activa al amanecer y en el crepúsculo, cuando sale de su nido y revolotea sobre el manglar. Durante el día permanece oculta para protegerse de gatos pescadores, serpientes y águilas pescadoras.

Los bosques de manglar crecen en las marismas de las costas tropicales, donde la tierra se funde con el océano. Las raíces aéreas del manglar forman marañas muy densas, creando así excelentes escondrijos para una serie de criaturas, entre ellas la escasa **HADITA DE SUNDARBANS**.

HADAS DE LAS SELVAS

La selva amazónica es un lugar extraordinario, rebosante de vida. Este hábitat tropical es rico en plantas exuberantes que proporcionan cobijo y alimento a miles de especies animales. Estas páginas contienen tan solo una pequeña muestra de las hadas amazónicas. Apenas he podido profundizar en mis investigaciones y estoy segura de que en la selva amazónica hay muchas más especies de hadas por descubrir.

Las **HADAS COLIBRÍ** gastan tanta energía a diario que de noche se sumen en un sueño profundo. Por la mañana tardan aproximadamente una hora en despertar del todo.

Durante mi último viaje a la selva amazónica realicé un descubrimiento extraordinario. Al borde de un claro soleado, encontré un hada que resplandecía y pasó volando disparada. Sus alas batían a una velocidad de vértigo y emitían un zumbido perfectamente audible al revolotear de flor en flor libando néctar. Al acercarme, descubrí varios nidos diminutos hechos de tela de araña, cuidadosamente ocultos entre los matorrales, cada uno de los cuales contenía un hada dormida.

No está muy claro cómo se las ingenia el hada colibrí para batir sus alas a mucha más velocidad que las demás hadas. ¡Esta enigmática hada merece ser estudiada más a fondo!

Hada colibrí
(Nympha volitans)

HABITAT: selva amazónica, América del Sur.

HOGAR: nidos diminutos hechos de hierbas y telarañas.

RASGOS DISTINTIVOS: alas resplandecientes como joyas.

COMPORTAMIENTO: al igual que los colibrís, estas hadas vuelan con gran agilidad hacia delante, hacia atrás y hacia los lados, ¡incluso bocabajo! Baten las alas incontables veces por segundo, demasiado deprisa para poder ser captadas por el ojo humano. Pasan el día visitando cientos, si no miles, de flores con forma de trompeta y libando su néctar con una pajita.

Hada malaquita
(Nympha viridi)

HÁBITAT: selva amazónica, América del Sur.

HOGAR: duerme en las hojas cerradas de las mimosas.

RASGOS DISTINTIVOS: alas muy parecidas a las de la mariposa malaquita (sus llamativos dibujos ahuyentan a serpientes y aves rapaces).

COMPORTAMIENTO: a estas sociables hadas les encanta tomar el sol y a menudo se tumban sobre las hojas de las copas más altas. Vigilan por turnos por si se acercan águilas arpías o búhos de anteojos para que todas puedan disfrutar recogienco frutos, tomando el sol o acicalándose.

El **HADA MALAQUITA** suele llevar ropa confeccionada con preciosas flores de la selva.

Las hojas de las mimosas se cierran en cuanto algo las roza para ahuyentar a los insectos hambrientos. Si miráis las hojas cerradas con atención, quizá podáis descubrir a alguna avispada hada malaquita durmiendo la siesta. La hoja les proporciona un lugar cómodo para descansar y las protege de los depredadores mientras duermen.

La cola del capullo de la **NINFA DE LA SELVA** se parece mucho a la cabeza de una serpiente, ¡con ojos amenazadores y todo! Esto les resulta muy útil para ahuyentar a los depredadores.

La **NINFA DE LA SELVA** es una de las especies de hadas más grandes; sus alas pueden alcanzar desplegadas los 10 centímetros. Se la puede ver cerca de las orillas de los ríos, mordisqueando bayas de árbol camu-camu o dulces frutas de la pasión.

Ninfa de la selva
(Nympha amazonia)

HÁBITAT: selva amazónica, América del Sur.

HOGAR: nidos en las copas de los árboles cercanos al agua.

RASGOS DISTINTIVOS: alas azules resplandecientes, asombrosamente parecidas a las de la mariposa morfo azul.

COMPORTAMIENTO: la ninfa de la selva tiene una ingeniosa forma de esconderse. Cuando se siente amenazada, cierra sus alas resplandecientes y deja ver la zona inferior, marrón y moteada. Esto le permite camuflarse entre las ramas y las hojas secas de los árboles.

MÁS HADAS DE LA SELVA

La Amazonía no es la única selva llena de sorpresas relacionadas con las hadas. Hay hadas selváticas por todo el mundo, como en las islas verdes y exuberantes de Indonesia, las selvas tropicales del continente africano y Madagascar y las junglas de la India. Si sabéis dónde buscar, podréis encontrar hadas en todos estos ricos ecosistemas desde los lechos húmedos de la selva hasta las copas de los árboles bañadas por el sol.

Con una envergadura de casi 15 centímetros, el **HADA REINA** es la especie de mayor tamaño que he descubierto hasta ahora. Aun viviendo en lo más recóndito de la selva, esta espectacular hada no necesita preocuparse por los depredadores, ya que es venenosa.

Estas hadas diminutas corren peligro porque sus nidos están amenazados. Las **HADAS PIGMEAS** conviven con las salanganas, un tipo de ave que se encuentra en el sureste de Asia. Sin embargo, los nidos de salangana (hechos de saliva solidificada) están siendo robados por los humanos a un ritmo alarmante. Esto ocurre porque se usan para preparar un manjar exquisito en la zona: sopa de nido de ave.

Hada pigmea
(Nympha pumilia)

HÁBITAT: selvas de Indonesia.

HOGAR: nidos comestibles de salangana; se encuentran en cuevas de las selvas que rodean las montañas.

RASGOS DISTINTIVOS: una de las especies de hadas más pequeñas (sus alas miden solo tres centímetros de envergadura).

COMPORTAMIENTO: las hadas pigmeas son especialmente amantes del néctar que se encuentra en los bordes de las plantas insectívoras. Sin embargo, deben tener mucho cuidado: estos bordes son muy resbaladizos, y las hadas más desventuradas pueden tropezar y caer en su copa mortal. ¡Por suerte, la mayoría son rescatadas por muchos amigos que aciertan a pasar por allí antes de convertirse en la cena de la planta carnívora!

Hada reina
(Nympha regina)

HÁBITAT: selvas recónditas de Nueva Guinea.

HOGAR: nidos en lo más alto del upa, o árbol del veneno.

RASGOS DISTINTIVOS: sus alas recuerdan a las de la mariposa más grande del mundo (la mariposa alas de pájaro Reina Alejandra); tocado de plumas de ave del paraíso.

COMPORTAMIENTO: estas hadas siguen una dieta muy peculiar: ¡beben la savia venenosa del upa! Inexplicablemente, parecen ser inmunes a esta sustancia tóxica. Es más, las convierte en hadas venenosas, lo cual les es muy útil para ahuyentar a sus enemigos.

Como corresponde a su nombre regio, ¡el capullo de la orugahada reina es dorado! No está hecho de oro, sino de una sustancia llamada quitina, la misma que confiere a los escarabajos joya su brillo metálico. Este capullo resplandeciente refleja los colores que tiene a su alrededor y dificulta que las serpientes y aves hambrientas lo descubran.

Esta hada nocturna recibe su nombre por el árbol ylang-ylang. Las flores de este árbol son famosas por su dulce fragancia, que de noche es especialmente penetrante. Durante el crepúsculo, grupos de estas tímidas hadas se alimentan de su aromático néctar.

Hada ylang-ylang
(Nympha cananga)

HÁBITAT: selvas del sur de Asia.

HOGAR: entre las ramas del árbol ylang-ylang.

RASGOS DISTINTIVOS: ojos y orejas extraordinariamente grandes que ayudan a estas hadas a orientarse en la oscuridad.

COMPORTAMIENTO: al revolotear, esta hada nocturna ayuda a transportar el polen de unas flores a otras. Mantiene una estrecha relación con muchos tipos de mariposas nocturnas, que también se acercan a libar el néctar dulce de las flores ylang-ylang.

Madagascar, una isla situada frente a la costa oriental de África, es el hogar de algunas especies singulares, parte de las cuales no se encuentran en ningún otro lugar del planeta. Entre estas criaturas únicas se hallan los famosos lémures de Madagascar, la rana tomate, el camaleón pantera... y la ninfa luna.

Ninfa luna
(Nympha luna)

HÁBITAT: selvas de Madagascar.

HOGAR: a menudo comparte nido con el lémur ratón.

RASGOS DISTINTIVOS: alas multicolores terminadas en dos largas cintas, que posiblemente utiliza para distraer a los murciélagos y otros depredadores.

COMPORTAMIENTO: las ninfas luna duermen durante el día y salen a la puesta de sol, junto con sus compañeros los lémures. Ayudan a estas pequeñas criaturas a detectar a los búhos chicos y a unos carnívoros parecidos a los gatos llamados fosas.

HADAS DE LOS DESIERTOS Y SABANAS

Los desiertos pueden parecernos territorios estériles, pero si observas con atención encontraréis una sorprendente variedad de especies: aves, insectos, reptiles... y sí, ¡también hadas! Los desiertos son lugares de extremos, así que las criaturas que los habitan tienen que ser muy fuertes para sobrevivir. Las temperaturas se disparan durante el día y caen en picado por la noche. A causa del calor, muchas hadas de los desiertos duermen durante el día y solo salen por la noche.

Hada del rocío
(Nympha aquarius)

HÁBITAT: desierto del Sahara, en el norte de África.

HOGAR: madrigueras excavadas en la arena.

RASGOS DISTINTIVOS: sus alas satinadas reflejan la luz del sol para mantenerlas frescas; pestañas largas (como los camellos) para protegerse los ojos de la arena.

COMPORTAMIENTO: cada mañana revolotean de planta en planta llevando gotas de rocío sobre las que más lo necesitan.

En el desierto del Sahara apenas llueve, con lo que es uno de los lugares más secos del planeta. Las plantas obtienen agua del rocío que recogen sus hojas por la noche. La pequeña **HADA DEL ROCÍO** tiene una función muy importante: se pasa el tiempo comprobando que las plantas del desierto cuenten con agua suficiente para sobrevivir, distribuyendo gotas de rocío al salir el sol.

Hada del cactus
(Nympha sonora)

HÁBITAT: desierto de Sonora, en los Estados Unidos y México.

HOGAR: huecos hechos en los cactus por los pájaros carpinteros del desierto.

RASGOS DISTINTIVOS: la piel gruesa de sus manos y pies la protege de las púas de los cactus; sus grandes orejas la ayudan a liberar el calor del cuerpo.

COMPORTAMIENTO: salen por la noche para alimentarse de los frutos rojos del cactus saguaro. Gracias a sus orejas detectan a los rapaces mochuelos duende.

El desierto de Sonora, en América del Norte, es famoso por sus asombrosos cactus saguaro, que pueden alcanzar 15 metros de altura. Dan cobijo a muchas especies, entre ellas las **HADAS DEL CACTUS**.

Reina de la noche (Nympha cereus)

HÁBITAT: desierto de Chihuahua, en los Estados Unidos y México.

HOGAR: madrigueras al pie de los cactus cereus.

RASGOS DISTINTIVOS: sus hermosas alas recuerdan a los pétalos de las flores del cereus.

COMPORTAMIENTO: esta hada es muy difícil de avistar; solo sale cuando se abren las flores de los cactus.

Peri (Nympha peri)

HÁBITAT: desierto de Kavir, Persia.

HOGAR: comparten madriguera con familias de jirds persas, unos pequeños roedores parientes de los gerbillos.

RASGOS DISTINTIVOS: orejas y ojos grandes para ver en la oscuridad.

COMPORTAMIENTO: ayuda a los jirds a proteger su nido, atenta a la aparición de boas, víboras cornudas y otras serpientes. Descansa durante las horas de calor y solo salen al amanecer y puesta de sol.

La rara hada del desierto **REINA DE LA NOCHE** cuida de las flores del cactus cereus, que se abren por la noche. Esta planta solo florece una noche al año, en pleno verano. Cuando llega la noche especial, las hadas vuelan veloces entre las fragantes flores y transportan el polen de unas a otras para que crezcan flores nuevas.

Esta pequeña criatura está diseñada para vivir en los desiertos. Peri significa «hada» en persa. Tienen orejas grandes que permiten liberar calor y así poder mantenerse frescas.

Las hadas no son las únicas visitantes de las flores del cereus: a las polillas esfinge también les gusta cenar su delicioso néctar.

HADAS DE LA SABANA

Las praderas del mundo, desde la sabana tropical africana hasta las más frías estepas rusas, son el hogar de algunas hadas asombrosas.

Hada de la sabana

Esta sociable hada africana suele instalarse en termiteros abandonados o en nidos de pájaros tejedores.

Hada de la rosa de las praderas

En las praderas de los Estados Unidos, quizá tengáis la suerte de ver a estas hadas revoloteando entre las rosas de las praderas.

Hadita de la estepa

Esta tímida hada se oculta a la perfección entre las hierbas mecidas por el viento de las ondulantes estepas de Rusia y Mongolia.

HADAS DE LOS POLOS

Hay hadas muy fuertes que son capaces de sobrevivir incluso en las condiciones extremas de los polos Norte y Sur. Estas resistentes criaturas se enfrentan a vientos huracanados, temperaturas gélidas y varios meses seguidos de oscuridad.

Hasta el momento, he realizado varios viajes de investigación fascinantes a las regiones del Ártico, pero solo uno a la Antártida (como parte de una expedición para estudiar el pingüino emperador).

En un solo año, la intrépida hada **TROTAMUNDOS DE LOS POLOS** es capaz de recorrer la asombrosa distancia de... ¡70.000 kilómetros, desde el Ártico hasta el Antártico y vuelta! Consigue esta increíble hazaña como pasajera del charrán ártico, cuando el ave viaja de un polo a otro.

Trotamundos de los polos (Nympha peregrina)

HÁBITAT: islas rocosas y playas de las regiones polares.

HOGAR: nidos muy profundos revestidos de hierba y musgo.

RASGOS DISTINTIVOS: sus alas blancas y negras ayudan al hada a camuflarse entre las bandadas de charranes árticos.

COMPORTAMIENTO: mantiene una estrecha relación con el charrán ártico, que la transporta sobre el lomo. A cambio, el hada acicala al ave y mantiene sus plumas limpias de piojos y pulgas.

La avispada **HADA PINGÜINO** encuentra un lugar seguro y calentito para pasar el gélido invierno... ¡arrebujada bajo el plumaje de un pingüino emperador!

Hada pingüino (Nympha antarctica)

HÁBITAT: placas de hielo de la Antártida.

HOGAR: bajo el pliegue de incubación del pingüin emperador macho.

RASGOS DISTINTIVOS: ropa confeccionada con cálidas plumas de pingüino; alas que parecen cristales de hielo.

COMPORTAMIENTO: cada invierno, el pingüino emperador macho mantiene su huevo caliente bajo un acogedor pliegue de incubación y en equilibrio sobre sus pies. El hada pingüino se acurruca sobre ellos para hibernar durante cuatro meses, hasta que los huevos eclosionan. Cuando nace el polluelo, el hada ayuda a cuidar de él, atenta a la presencia de págalos amenazadores.

Hada de la tundra
(Nympha caribou)

HÁBITAT: tundra ártica.

HOGAR: en verano, el hada de la tundra busca cobijo en madrigueras abandonadas de lemmings, pequeños roedores del Ártico.

RASGOS DISTINTIVOS: sus alas marrones moteadas la ayudan a camuflarse con su compañero reno.

COMPORTAMIENTO: cuando las manadas de renos cruzan la tundra, las hadas se mantienen atentas a la presencia de lobos, osos y águilas reales. Emiten diferentes sonidos de alarma para identificar los distintos tipos de depredador.

Cuando llega el verano trayendo consigo temperaturas más suaves y comida en abundancia, aparecen las **HADAS DE LA TUNDRA** en los pastos de la tundra ártica. Viajan junto a enormes manadas de renos que emigran hacia el norte procedentes de los bosques de Canadá y Siberia para criar a sus cachorros.

Esta criatura pequeña y resistente está muy bien adaptada a las gélidas condiciones del Ártico. Es más regordeta que las demás hadas, debido a la capa de grasa que tiene bajo la piel y que la ayuda a mantener el calor corporal. A causa de este peso adicional, le resulta difícil volar, así que pasa la mayor parte del tiempo en el suelo.

Hada de la escarcha
(Nympha arctica)

HÁBITAT: círculo Polar Ártico.

HOGAR: madrigueras excavadas en la nieve.

RASGOS DISTINTIVOS: capa de grasa para mantener el calor corporal; orejas pequeñas para reducir la pérdida de calor; pies anchos con dedos muy separados para caminar sobre la nieve.

COMPORTAMIENTO: el hada cambia de ropa dependiendo de la estación. En invierno, lleva ropa gruesa hecha de lana y piel que la ayuda a mimetizarse con el paisaje nevado. En verano, se viste con hojas y hierba para poder ocultarse entre las plantas de la tundra ártica.

Hadita de los acantilados
(Nympha alfar)

HÁBITAT: regiones costeras de Islandia.

HOGAR: comparten nido con familias de frailecillos en lo alto de los acantilados.

RASGOS DISTINTIVOS: alas blancas, negras y rojas, parecidas a las de la mariposa atalanta.

COMPORTAMIENTO: la hadita de los acantilados mantiene una estrecha relación con el frailecillo. Cuando los padres se alejan para pescar, las hadas protegen a los polluelos del gavión atlántico y otros depredadores.

Desde hace generaciones, los habitantes de Islandia cuentan historias sobre una raza de seres mágicos llamados *álfar* («elfos») o *huldufólk* («gente oculta»). No he encontrado pruebas de la existencia de estas criaturas mitológicas, pero sí puedo confirmar que una especie de hada habita en lo alto de los acantilados islandeses.

Las **HADITAS GOLONDRINA** viven en nidos abandonados de golondrinas o aviones comunes en los muros exteriores de los edificios, protegidos bajo los aleros.

Cuarto de la lavadora

Hadita golondrina (Nympha casae)

HÁBITAT: pueblos y ciudades.

HOGAR: nidos de barro en los aleros de graneros y casas.

RASGOS DISTINTIVOS: estas hadas tienden a tener las alas más oscuras. Esto puede deberse a que el aire de las ciudades está contaminado por el hollín y el humo de las fábricas, así que sus alas oscuras las ayudan a camuflarse.

COMPORTAMIENTO: las haditas golondrina no son demasiado inteligentes. A veces se cuelan por una ventana abierta y se quedan encerradas dándose golpes contra el cristal. Si encontráis una dentro de vuestras casas, atrapadla con un vaso, deslizad un sobre por debajo y llevadla al exterior antes de que se angustie demasiado.

Duende (Nympha domestica)

HÁBITAT: viviendas de los humanos.

HOGAR: los duendes suelen construir sus nidos detrás de las vajillas de los aparadores, o en el interior de costureros o cajas de botones. De todos es sabido que roban calcetines para usarlos como sacos de dormir.

RASGOS DISTINTIVOS: se hacen la ropa con retales de tejido que encuentran por la casa; alas pequeñas.

COMPORTAMIENTO: los duendes tienen buen carácter y no suelen interferir demasiado en la vida de los humanos. Sin embargo, hay gente que llama «trasgos» a los duendes traviesos que hacen nudos en el cabello de los humanos mientras duermen, o dejan cosas tiradas por el suelo para que tropiecen.

Sala de estar

Los **DUENDES** son la especie de hada doméstica más común. Estas criaturas juguetonas tienen la costumbre de esconder pequeños objetos de los humanos. Así que, si vuestras llaves, gafas o cepillos del pelo desaparecen de repente, pensad que quizá sea obra de los duendes.

HADAS DOMÉSTICAS

Quizá muchos adultos no lo crean, pero las hadas se encuentran incluso en el interior de nuestros hogares. Suelen verlas con más frecuencia los niños que los adultos, porque son los más jóvenes quienes pasan más tiempo explorando los recovecos y escondrijos de las casas. Normalmente, las hadas viven en zonas tranquilas y con poca actividad de la casa: debajo de los muebles, detrás de los zócalos y bajo los tablones del suelo.

Geniecillo
(Nympha culinae)

HÁBITAT: viviendas de los humanos.

HOGAR: por lo general, detrás de los zócalos de las cocinas o debajo de los aparadores.

RASGOS DISTINTIVOS: alas pequeñas; bigotes de ratón.

COMPORTAMIENTO: hay muchas historias sobre geniecillos que ayudan a realizar las tareas domésticas. No he encontrado ninguna prueba que lo confirme, pero el malentendido podría deberse a su costumbre de recoger migas para comérselas, dando la impresión de que están barriendo el suelo.

Despensa

Salón

Si por las noches oís carreritas en la cocina, podría tratarse del repiqueteo de pasos de ratones. Sin embargo, existe la misma probabilidad de que sean las hadas de las cocinas, llamadas **GENIECILLOS**.

Cocina

Biblioteca

Los áticos son el hogar perfecto para las hadas: son calentitos, tranquilos y casi nunca entra nadie. Normalmente, las **HADAS DE LOS DESVANES** viven encantadas junto a los ratones y saben un truco para hacer saltar las ratoneras sin que las atrapen, robando el cebo para compartir con sus amigos roedores.

Hada de los desvanes
(Nympha cenaculi)

HÁBITAT: áticos y desvanes.

HOGAR: nidos cercanos a conductos de calefacción o entre una pila de ropa.

RASGOS DISTINTIVOS: alas marrones moteadas, no muy diferentes a las de las polillas de la ropa.

COMPORTAMIENTO: las hadas de los desvanes se alimentan de fibras naturales, como lana y seda. Si descubrís agujeritos en la ropa que tenéis guardada, ¡pueden haberlos hecho ellas!

Estudio

NOTA SOBRE EL HADA DE LOS DIENTES

A lo largo de mis investigaciones, he sido incapaz de dar con el rastro de esta criatura tan huidiza, ayudante del Ratón Pérez. No estoy segura de cuál puede ser su hábitat natural; es muy posible que haya distintas subespecies que vivan en hábitats diferentes de todo el mundo. Imagino que cada tipo de hada de los dientes conocerá el idioma y la moneda de su región. De momento no he podido averiguar qué hacen con los dientes que recogen. Según la leyenda, las hadas utilizan los dientes de los niños como ladrillos para construir sus casas, pero es necesario seguir investigando para confirmarlo.

VIDA EN EL PAÍS DE LAS HADAS

En este punto, habréis llegado a la conclusión de que no existe ningún lugar que pueda denominarse «País de las Hadas» como un mundo independiente que los humanos no pueden alcanzar. Las hadas comparten nuestro mundo y viven entre nosotros. Dependiendo de su entorno, los distintos tipos de hadas se comportan de forma diferente. Por ejemplo, algunas especies son más activas durante el día, mientras que otras salen de noche; algunas hadas hibernan los meses más fríos, mientras que otras realizan grandes migraciones con el cambio de estación.

Vagabundas de la noche

Hay muchos tipos de hadas nocturnas (solo salen de noche). Tienen unas características especiales que las ayudan a sobrevivir en la oscuridad: sus ojos enormes y penetrantes las dotan de una excelente visión nocturna, mientras que sus orejas grandes y su oído sensible las ayuda a detectar el peligro.

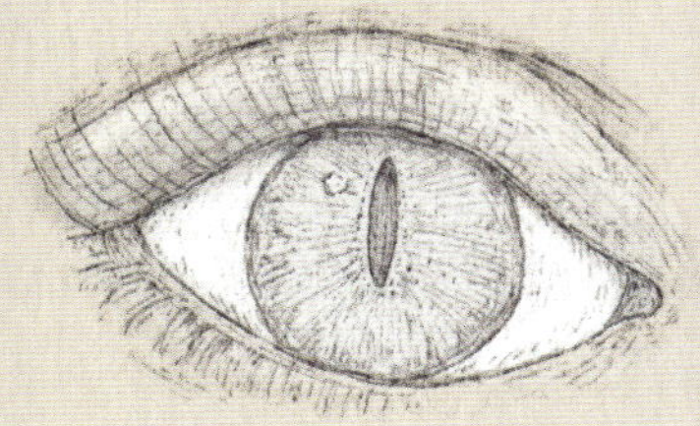

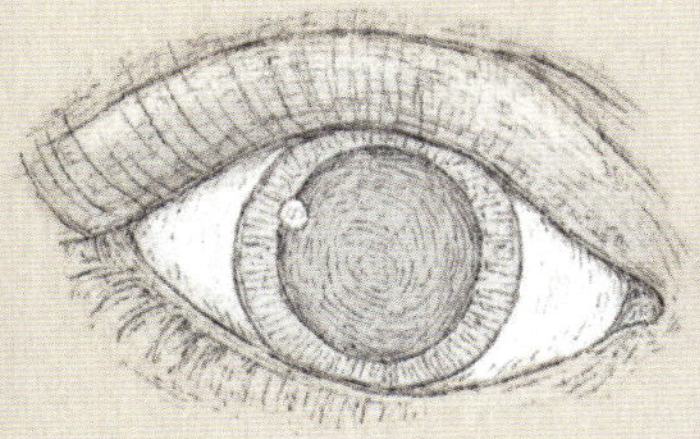

Las hadas nocturnas tienen los ojos parecidos a los de los gatos. Sus pupilas verticales se abren para dejar pasar toda la luz posible. También cuentan con una membrana en la parte posterior del ojo, que refleja la luz y las ayuda a ver en la oscuridad.

Muchas hadas domésticas son nocturnas y salen cuando estamos dormidos. Durante el día, procurad no molestarlas mientras dormitan dentro de zapatillas, o casas de muñecas.

Dieta de las hadas

Todas las hadas que he estudiado por el momento son herbívoras. Entre sus platos favoritos se encuentran frutos secos y semillas, bayas y otros frutos, así como polen y néctar de flores. Parece que hay muchas hadas golosas y prefieren sobre todo tentempiés empalagosos de alto valor calórico. Sin duda, esto se debe a que la velocidad con que baten las alas consume mucha energía, así que tienen hambre muy a menudo.

Bellas durmientes

Muchas hadas —por ejemplo, el hada del manzano y el hada de la rosa— mantienen una relación muy estrecha con un tipo de planta en particular. En invierno, muchos árboles y plantas permanecen aletargados y pierden sus hojas para evitar que se congelen. Cuando las plantas descansan, también suelen hacerlo sus hadas guardianas, sumiéndose en un sueño llamado hibernación. Así se resuelve el problema de tener que encontrar comida cuando escasea. En otoño, las hadas hacen acopio de comida para no tener que abandonar sus nidos calentitos durante los largos meses de frío que se avecinan.

Algunas hadas hibernan en solitario, mientras que otras se acurrucan juntas. Las alas de determinadas especies tienen propiedades térmicas especiales que les proporcionan calor adicional.

Como los gansos, a veces las hadas migratorias también vuelan en formación en forma de V, lo que las ayuda a ahorrar energía. Viajar detrás de la cabeza de la bandada es más fácil, porque encuentran menor resistencia al viento. Durante el vuelo, las hadas se turnan para ir en cabeza.

En marcha

Como tantas otras especies de aves y mariposas, hay hadas que emprenden un largo viaje cuando se acerca el invierno en busca de climas más cálidos. Al final del otoño, por ejemplo, el hada del serbal viaja desde el norte de Escandinavia hasta las más templadas islas británicas. No está del todo claro cómo se las ingenian para encontrar la ruta correcta en distancias tan largas. Quizá se orienten por la posición del sol y las estrellas, además de los ríos, costas y otros accidentes geográficos.

LAS HADAS Y LAS PLANTAS

Las hadas desempeñan una función imprescindible en la vida natural; una función que no siempre es reconocida ni comprendida por los humanos. Estas pequeñas y atareadas criaturas cuidan las plantas de sus distintos hábitats: las ayudan a polinizar, esparcen sus semillas y las mantienen sanas. A cambio, las plantas proporcionan a las hadas comida y un lugar seguro donde cobijarse.

Mirada atenta

Para cuidar de las plantas, las hadas realizan muchas tareas distintas. En las zonas secas, inspeccionan las plantas cada mañana para comprobar si tienen bastante humedad y, a menudo, las salpican con gotas de rocío si les parece que tienen sed. Estas jardineras diminutas examinan con atención las raíces, tallos y hojas por si muestran síntomas de alguna enfermedad, además de limpiarlas de parásitos y asegurarse de que las ramas tengan espacio suficiente para expandirse.

Preciosas polinizadoras

¿Por qué las plantas tienen flores? Las flores las ayudan a producir plantas nuevas. Cada flor contiene un polvillo especial llamado polen. En la mayoría de las plantas, si los granos de polen encuentran su camino de una a otra flor se formarán las semillas, que crecerán hasta convertirse en nuevas plantas. Normalmente, el polen es transportado a otra flor distinta por el viento, los insectos... ¡y las hadas! A menudo, las hadas se lanzan a volar con un cepillito para depositar el polen en las flores con delicadeza.

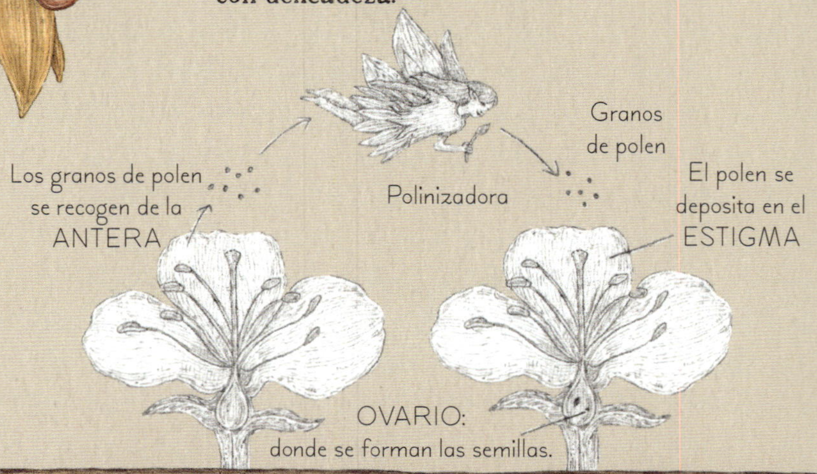

Diseminación de semillas

Para que crezca una nueva planta, es necesario esparcir sus semillas para que puedan germinar y echar raíces. Pero ¿cómo esparcen las plantas sus semillas? Algunas cuentan con la ayuda del viento o de animales, mientras que otras dependen de las hadas.

Colaboradoras de los animales

Las aves y otros animales se alimentan de fruta y reparten las semillas, bien a través de los excrementos, o enganchadas al pelaje del animal.

A distancia prudencial

Los frutos de algunas plantas estallan cuando están maduros, esparciendo las semillas en todas direcciones.

Volando al viento

Otras semillas disponen de paracaídas parecidos a las plumas que vuelan con la brisa para que las transporte hacia un nuevo hogar.

Amigas de las hadas

Otras plantas, por el contrario, parecen confiar en las hadas para que sean estas quienes diseminen sus semillas.

Polvo de hada

En el pasado, hubo gente que notó la presencia de «polvo de hada» en bosques y claros a la luz de la luna. Esta sustancia es apreciada por sus propiedades mágicas desde hace mucho tiempo. Pero ¿qué es el polvo de hada? En mi opinión, el polvo de hada es en realidad una mezcla de distintos tipos de polen, mezclado con escamas iridiscentes de alas de hada. Por la noche, refleja la luz de la luna y produce un efecto centelleante. Este polvo, lejos de ser «mágico», es en verdad diseminado por las hadas a modo de repelente de babosas.

GUÍA PARA LA IDENTIFICACIÓN DE HOJAS

Quien quiera aprender algo más sobre la vida de las hadas debería ser capaz de reconocer los distintos tipos de árboles. Si conocéis las plantas más comunes de vuestro entorno, sabréis qué hadas podríais avistar.

Roble
Buscad: Dríadas

Manzano
Buscad: Hadas del manzano

Arce silvestre
Buscad: Duendecillos de las colinas

Abedul
Buscad: Hadas del abedul

Castaño de Indias
Buscad: Haditas de las castañas

Espino
Buscad: Hadas del espino blanco

Serbal
Buscad: Hadas del serbal

Haya
Buscad: Hadas pájaro carpintero

Sicomoro
Buscad: Reinas de la Candelaria

UN JARDÍN VENENOSO

Advertencia para todos los observadores de hadas: cuando estéis en algún bosque de los alrededores buscando a nuestras amigas aladas, tened en cuenta que muchas plantas de las que gustan a las hadas son en realidad tóxicas para los humanos. Un bosque habitado por hadas no siempre resulta un lugar apto para cardíacos, sino que puede ser un jardín con riesgo mortal, literalmente. Nunca, nunca comáis bayas silvestres, setas u otras plantas a menos que las haya supervisado un adulto con conocimientos suficientes sobre la materia.

Acónito

También conocida como «matalobos», «uva lupina» o «capucha de monje», esta planta crece en praderas y arboledas húmedas. Puede intoxicar a un ser humano solo con tocar las hojas, las flores o las raíces, pero las hadas parecen inmunes; en ocasiones, se las ve revolotear entre sus hermosas flores azules.

Belladona

La belladona —también llamada «hierba de la muerte» o «cereza del diablo»— parece inofensiva para las hadas, aunque dos de sus bayas sean suficientes para matar a un niño humano. Otros efectos incluyen visión borrosa, dolor de cabeza, vómitos, mareos y alucinaciones.

Dedalera

Las flores de la dedalera son conocidas en algunos lugares como «dedales de bruja», «campanas de muerto» o «gorros de hada». De hecho, a veces hay hadas que usan sus flores rosas y púrpuras como sombrero. Sin embargo, la dedalera contiene un veneno que puede afectar al corazón y riñones de los humanos y causa vómitos.

Amanita muscaria

Las hadas suelen sentarse encima o resguardarse debajo de esta seta venenosa roja y blanca. Como otros tipos de hongos, estas setas tóxicas pueden brotar en grupo formando un corro. En el pasado, la gente creía que aquel que se atreviera a poner un pie en el interior de un «corro de brujas» podía ser secuestrado y llevado al País de las Hadas.

Cicuta

Esta bonita planta es una de las favoritas de las hadas, pero extraordinariamente tóxica para los seres humanos. Crece en las orillas de las acequias o de los ríos y en los límites de los bosques. Si la consume una persona, la cicuta puede causar mareos e incluso la muerte.

Laurel

El laurel es una planta tóxica y, si se abusa de ella, puede causar graves trastornos intestinales. De hecho, los brotes tiernos contienen un precursor del cianuro. Sin embargo, a las hadas no parece afectarles, y a menudo se alimentan de sus frutos.

Aro

Esta planta tan común en los bosques es conocida también como «ángeles y demonios» o «Jack en el púlpito». Sus bayas, de un color rojo o naranja, son un bocado delicioso para las hadas, pero causan hinchazón en boca y garganta cuando las consumen los humanos, dificultando la respiración.

Mandrágora

La mandrágora se ha usado históricamente como fármaco para calmar el dolor. Sin embargo, una dosis demasiado elevada resulta letal. La raíz tiene a veces un aspecto casi humano, y hay leyendas que afirman que emite un chillido que perfora el tímpano si se la arranca. En realidad, si se oye algún chillido es el del hada que vive en ella, que protesta por la destrucción de su hogar.

Os advierto: nunca os dejéis tentar por ninguna planta que encontréis en el campo. Los resultados pueden ser extremadamente peligrosos.

LAS HADAS Y LOS ANIMALES

A diferencia de las hadas de los cuentos, las de verdad no se transforman en distintos animales, aunque sí están íntimamente relacionadas con muchas especies. Como miembros del reino animal, las hadas entran en contacto de forma natural con otras criaturas. Viven felices entre muchos tipos de animales, a menudo ayudándose entre sí. Este tipo de relación de la que ambas especies se benefician se llama «simbiosis».

Amigos con plumas

Muchas especies de hadas mantienen una estrecha relación con las aves. Con frecuencia, las hadas se desplazan montadas en aves a cambio de un pequeño servicio, como una sesión de acicalamiento. Las aves emiten una señal de alarma especial para las hadas cuando se acercan criaturas peligrosas, entre ellas seres humanos.

El **HADA PÁJARO CARPINTERO**, cuyas alas son muy pequeñas, a menudo viaja a lomos del picapinos, uno de los más conocidos pájaros carpinteros. Estos utilizan sus fuertes picos para excavar nidos en los troncos... ¡no solo para ellos, sino también para las hadas! En agradecimiento, el hada limpia al ave de garrapatas y está pendiente de azores y gavilanes, que cazan ambas especies.

El martín pescador solo tolera la presencia de un hada en su territorio: la **HADITA DE RÍO**. Esta ayuda al martín pescador cuidando de su nido en la orilla del río cuando el ave está cazando. A cambio, el martín pescador advierte al hada cuando se acercan depredadores.

Los nidos de bisbita común suelen ser elegidos por los cucos como el sitio perfecto para poner un huevo. Cuando nace el cuco, empuja a los demás polluelos para echarlos del nido. El bisbita se traga el engaño y cuida la enorme cría de cuco creyendo que es suya. Para evitarlo, el **HADA MACAÓN** a menudo monta guardia junto al nido del bisbita, armada con una rama afilada para espantar a los cucos.

Criaturas del bosque

Las hadas del espino blanco mantienen una relación muy interesante con los erizos comunes. Con frecuencia, estas hadas cuidan de los bebés erizo mientras las madres salen a buscar comida. A cambio, se sabe que los erizos regalan púas a las hadas para usarlas como lanzas y defenderse de los cazadores.

Al igual que muchas especies de hadas, el ciervo común es un muy huidizo. A menudo son auxiliados por las hadas, quienes les limpian las heridas y se las vendan con tela de araña. A cambio emiten un audillo de alarma cuando se acercan animales peligrosos.

Algunas hadas, como el **HADA DE LAS SETAS VENENOSAS**, mantienen una estrecha amistad con las ardillas rojas. Pero evitan a las grises, que son a menudo portadoras del virus de la viruela de las ardillas, que es mortal para las rojas. Muchas hadas de los bosques ayudan a las ardillas rojas llevándoles comida y cuidándolas cuando están enfermas.

Los ratones de campo, abundantes en prados y bosques, viven en madrigueras. Ofrecen compartir su hogar con las **HADAS DE LOS PRADOS** a cambio de bayas y semillas.

HADA DEL ESPINO BLANCO CON CRÍAS DE ERIZO

Insectos aliados

A las hadas les encanta la miel, así que a veces ayudan a las abejas a recolectar néctar y polen. Son aliadas naturales de las mariposas, manteniéndose alertas a la presencia de serpientes o avispas que puedan atacarlas. Las hadas también se llevan muy bien con las polillas.

Las polillas son la presa favorita de los murciélagos, que las localizan emitiendo sonidos agudos y escuchando el eco que producen al rebotar sobre los insectos. Algunas hadas emiten sus propios chillidos para confundir a los murciélagos y proteger a las polillas. Esta táctica se llama «bloqueo de ecolocalización».

LOS ENEMIGOS DE LAS HADAS

Como las demás criaturas, las hadas forman parte de la cadena alimenticia en cada uno de los distintos hábitats. Al ser herbívoras, no comen otros animales, sino que se alimentan de plantas. Sin embargo, a menudo son cazadas por depredadores, entre ellos serpientes, armiños, comadrejas, aves de presa, arañas y avispas. ¡A veces, incluso, forman parte del menú de las plantas carnívoras! Para mantenerse a salvo, las hadas ponen en práctica una serie de trucos para disuadir a sus atacantes que incluyen camuflaje, veneno... ¡y la habilidad de contraatacar!

Aves rapaces

Las hadas de todo el mundo son capturadas por aves de presa, como búhos, águilas y halcones. Distintas especies han desarrollado maneras ingeniosas para eludir los ataques aéreos. El hada de la amapola, por ejemplo, se mueve muy despacio para que no la distingan. El hada pavo real tiene ocelos en las alas que parecen los ojos de una gran ave rapaz para ahuyentar a las demás.

El hada del abedul es una experta a la hora de esconderse de la penetrante mirada de la lechuza común.

Mamíferos dañinos

No solo las aves carnívoras y las serpientes depredadoras amenazan a las hadas. También deben estar alerta a los mamíferos hambrientos. En las islas británicas, armiños, zorros y comadrejas resultan ser unos feroces enemigos, mientras que las hadas de los Alpes pueden caer víctimas de lobos o gatos salvajes. Las hadas australianas deben guardarse de los agresivos dingos, mientras que las amenazas propias en América del Norte incluyen mapaches y glotones.

Serpientes

En algunos ecosistemas, sobre todo en las selvas, las serpientes suponen una auténtica amenaza para las hadas. En lo más recóndito de la Amazonia, el enemigo más letal de la hermosa ninfa de la selva es la boa esmeralda. Esta serpiente de un vivo color verde puede alcanzar dos metros de largo. Permanece enroscada entre las ramas hasta que salta para atrapar a su presa con sus temibles colmillos. Por desgracia para ella, las ninfas de la selva reaccionan a la velocidad del rayo, así que a menudo consiguen escapar ilesas.

La venus atrapamoscas es una planta carnívora que se encuentra en los humedales cálidos de la Costa Este de los Estados Unidos. Si una desdichada hada fuego fatuo roza las hojas peludas de la planta, estas se cierran de golpe atrapando a la pobre criatura.

Plantas carnívoras

Si alguna vez vais a las selvas de Indonesia, no os olvidéis de mirar en el interior de la copa de las plantas carnívoras que veáis. Podríais encontraros cara a cara con una furiosa hada pigmea. Las plantas carnívoras utilizan su néctar para atraer a los insectos y otras presas a sus bordes resbaladizos. Si estas criaturas tropiezan y caen en la copa, se convierten lentamente en sopa para la planta.

Bichos espeluznantes

Es una triste realidad que algunas especies de avispa se alimentan de capullos de hada. En los ecosistemas de las selvas, las hadas pueden caer víctimas de una masa de hormigas guerreras al acecho, o atraer la atención de una mantis religiosa, uno de los insectos depredadores más temidos del planeta. Las hadas también deben estar atentas a la presencia de arañas. Las telas de arañas son un riesgo muy habitual: cualquier hada que vuele distraída puede terminar envuelta en seda, a punto de convertirse en la cena de una araña.

EL IDIOMA DE LAS HADAS Y SU ESCRITURA SECRETA

Quizá sintáis curiosidad por saber cómo se comunican las hadas entre sí. ¿Utilizan algún idioma de los humanos, hablan su propia lengua de las hadas o interactúan de otra manera? Como los humanos y otros animales, las hadas tienen distintos métodos de hacerse entender, desde el habla hasta silbidos, llamadas o escritura.

El habla de las hadas

Cada vez que salgo a buscar hadas, empiezo por escuchar, sencillamente. A menudo, el parloteo de nuestras amigas aladas puede confundirse fácilmente con el canto de las aves y solo un experto es capaz de distinguir el gorjeo agudo propio de las hadas. Sin embargo, a pesar de saber identificar el idioma de las hadas cuando lo oigo, lamento decir que no soy capaz de entenderlo. Yo diría que las distintas especies de hadas que hay en el mundo hablan lenguas diferentes. Algunas suenan como un tintineo musical, mientras que otras recuerdan al cotorreo de una gran colonia de aves en plena efervescencia.

Lenguaje corporal

Las hadas tienen otras formas de comunicarse aparte del habla. Los gestos y movimientos son claves en el reino de las hadas: una sacudida brusca de las alas o un rápido encogimiento de hombros pueden expresar enfado, mientras que un tenue zumbido producido por una suave vibración de las alas a menudo indica placer, algo parecido al ronroneo de los gatos.

Cartas

Sorprendentemente, parece que, en algunos casos, las hadas incluso han conseguido aprender los idiomas de los humanos. ¿Cómo, si no, podemos explicar las cartas en miniatura que aparecen en algunas partes del mundo.? No obstante, creo que las hadas solo deben de utilizar idiomas humanos en la comunicación escrita… de momento. No he oído a ninguna hada hablando ningún dialecto humano reconocible.

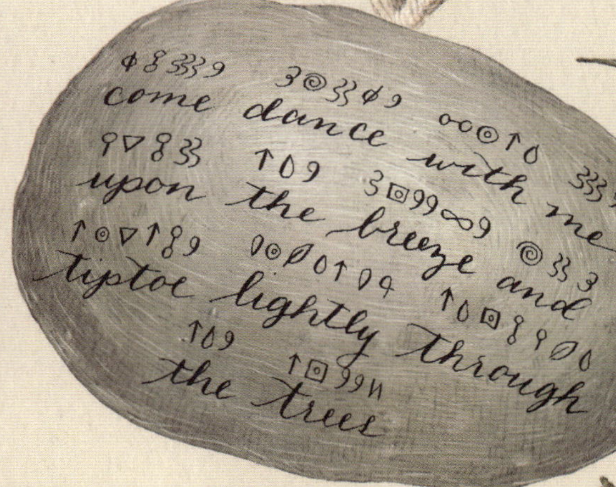

El alfabeto de las hadas

En mis investigaciones, alguna vez he encontrado pequeños símbolos grabados en cortezas de árboles o garabateados en las hojas. Aunque me imaginé que habían sido las hadas quienes habían dejado aquellos símbolos, durante muchos años no fui capaz de descifrar su significado. Pero una tarde, mientras cavaba en el huerto, desenterré una piedra grande y lisa que lo cambió todo. En la piedra, aparecían tallados una serie de símbolos y debajo una frase: «Ven a bailar conmigo en la brisa y a corretear de puntillas por los árboles». Al observar con más atención, me di cuenta de que las palabras en inglés eran una traducción del idioma de las hadas. ¡Aquella sencilla piedra fue la clave para desentrañar los secretos de la escritura de las hadas!

Guiándome por la piedra, fui capaz de descifrar el alfabeto de las hadas.

GUÍA PARA BUSCAR HADAS

Mi gran esperanza es que este libro os haya proporcionado toda la información necesaria para identificar a las hadas y para entender su función en la naturaleza. ¡Ahora solo os queda salir a buscarlas! La mayoría de los adultos están tan absortos en el ajetreo de su rutina diaria que no pueden ver hadas. Sencillamente, no dedican tiempo a buscarlas. Es una realidad que a los niños se les da mucho mejor encontrar a nuestras amigas aladas. Cuando se sale a buscar hadas, es importante pasar tiempo en el exterior, en plena naturaleza. No es de extrañar que los pocos adultos que ven hadas sean con frecuencia granjeros o leñadores que trabajan en el entorno natural de las hadas. Si camináis despacio, abrís bien los ojos y contempláis la belleza que os rodea, las encontraréis.

Consejos para encontrar hadas

Sobre todo, no tengáis prisa. Tomaos vuestro tiempo y hablad en voz baja. Pasad un rato sentados sin moveros, observando en silencio. Para encontrar hadas, debéis abrir ojos y mente; solo las podréis ver si creéis que están ahí.

Las mejores horas del día para salir a buscarlas son el amanecer y el crepúsculo. Es en esos momentos de transición, no de día del todo ni de noche del todo, cuando las hadas se dedican a sus tareas. El solsticio de verano es un día particularmente bueno para salir a verlas, pues, al ser el día más largo del año, muchas hadas están activas hasta tarde.

Como ya hemos visto, las hadas viven en hábitats de todo tipo, así que podéis buscarlas en numerosos lugares: jardines, parques, prados y bosques, junto a las orillas de ríos y arroyos. Si encontráis una, no intentéis tocarla ni capturarla; limitaos a disfrutar de su contemplación. Y, cuando llegue la hora de marcharos, recordad dejar todo como lo encontrasteis. Como manda el dicho, «llevaos solo recuerdos, dejad solo huellas».

Buscad...

- Pisadas diminutas
- Huevos de hada depositados en las hojas
- Capullos vacíos de orugahada
- Motitas de polvo de hada al pie de las plantas
- Mariposas (a menudo, las hadas vuelan a su lado)
- Cáscaras de frutos secos
- Luces titilantes (algunas especies son bioluminiscentes)
- Huecos en troncos de árboles que quizá utilizan como hogar
- Pequeñas madrigueras en el suelo
- Nidos minúsculos
- Símbolos de las hadas grabados en piedras o árboles

Escuchad...

- Canto de pájaros (en realidad, pueden tratarse de gorjeos de hada)
- Voces suaves y delicadas
- Estallidos de risa cantarina
- Batir de alas de hada
- Crujidos y silbidos
- «Trinos» chirriantes (pueden producir este sonido frotando las alas)
- Susurros y pasitos apresurados

Equipo útil para buscar hadas

- Cámara (para documentar vuestros hallazgos)
- Cuaderno (para apuntar las especies que veáis)
- Sombrero resistente (por si hay hadas hostiles que os tiran frutos secos)
- Lupa (para buscar huevos de hada)
- Mapa de la zona
- Prismáticos
- Cantimplora con agua
- Botas resistentes

Hospedaria Juliana
112 Rua Cariré
Manaus
Brasil
13 de septiembre de 1925

Querida Annabelle:

Espero que estés bien al recibir esta carta. No sé si ya habrás tenido ocasión de echar un vistazo al libro que te envié.

Acabo de llegar de una expedición de tres semanas por la selva amazónica. Nos hemos enfrentado a lluvias torrenciales, marabuntas de hormigas y una canoa que volcaba continuamente, pero ¡qué aventura! Aunque he visto varias especies de hadas -entre ellas, el hada malaquita y la ninfa de la selva-, aún no he sido capaz de seguir la pista de más ejemplares de hada colibrí. Estoy decidida a seguir intentándolo. A pesar de todos mis esfuerzos por zafarme de los mosquitos, me han acribillado. Para ser sincera, creo que tengo algo de fiebre, pero espero que se me pase pronto. He vuelto a la ciudad de Manaos junto con mi guía, Afonso, para aprovisionarnos de víveres antes de retomar la expedición.

Estoy preocupada, Annabelle. Durante las últimas semanas he presenciado cómo quemaban o talaban zonas de selva para dejar espacio a la agricultura. Esta destrucción desenfrenada de ecosistemas no es un buen presagio para las hadas; de hecho, tampoco para el resto de la vida salvaje. ¿Serán las hadas colibrí tan difíciles de encontrar porque está descendiendo la población?

Creo que debemos mantener en secreto la existencia de las hadas para el público en general, pues hay mucha gente que podría intentar hacerles daño o capturarlas para exhibirlas como gran novedad. De todos modos, se me ha ocurrido que quizá deberíamos comunicar lo que sabemos sobre las hadas a algunas personas selectas que piensen como nosotras y que se preocupen por las criaturas del planeta y que harán todo lo que esté en su mano para proteger a las hadas y sus hábitats.

Bueno, esto es todo por ahora, ya hablaremos del asunto cuando regrese.

Hasta entonces, querida sobrina, recibe todo mi cariño,

Tía Elsie

Para Mandy, por supuesto, y para Rachel;
gracias por todo.

Y para mi paciente, generosa y genial
madre; gracias.

Y por último, pero de ninguna manera
menos importante, para Joanie y Tess,
mis haditas particulares.

E. H.

Para mis padres, Muriel y Richard.
Gracias por fomentarme siempre el interés
por el arte y los libros.

J. R.

1.ª edición: octubre de 2020
2.ª edición: mayo de 2021
3.ª edición: diciembre de 2021
4.ª edición: septiembre de 2023

Título original: *A Natural History of Fairies*
Editado por HarperCollins Ibérica, S.A., 2020
Avenida de Burgos, 8B - Planta 18
28036 Madrid
harpercollinsiberica.com

© del texto: Emily Hawkins, 2020
© de la ilustración: Jessica Roux, 2020
© de la traducción: Sonia Fernández-Ordás, 2020
© HarperCollins Ibérica S.A., 2020

Publicado originalmente por The Quarto Group, 2020.

Todos los derechos están reservados, incluidos los de
reproducción total o parcial en cualquier formato o soporte.
ISBN: 978-84-18279-05-8
Depósito legal: M-12.765-2020
Maquetación: Elena Fernández Cruz
Adaptación de cubierta: equipo HarperCollins Ibérica
Impreso en China

Cualquier forma de reproducción, distribución, comunicación pública o transformación
de esta obra solo puede ser realizada con la autorización de sus titulares,
salvo excepción prevista por la ley. Diríjase a CEDRO si necesita reproducir
algún fragmento de esta obra. www.conlicencia.com - Tels.: 91 702 19 70 / 93 272 04 47

FSC www.fsc.org MIXTO Papel procedente de fuentes responsables FSC® C124385